MATEMÁTICA MARCHA CRIANÇA 5º ANO

Maria Teresa Marsico

Professora graduada em Letras pela Universidade Federal do Rio de Janeiro (UFRJ) e em Pedagogia pela Sociedade Unificada de Ensino Superior Augusto Motta. Atuou por mais de trinta anos como professora de Educação Infantil e Ensino Fundamental das redes municipal e particular no município do Rio de Janeiro.

Maria Elisabete Martins Antunes

Professora graduada em Letras pela Universidade Federal do Rio de Janeiro (UFRJ). Atuou durante trinta anos como professora titular em turmas do 1º ao 5º ano na rede municipal de ensino do Rio de Janeiro.

Armando Coelho de Carvalho Neto

Atua desde 1981 com alunos e professores das redes oficial e particular de ensino do Rio de Janeiro. Desenvolve pesquisas e estudos sobre metodologias e teorias modernas de aprendizado. É autor de obras didáticas para Ensino Fundamental e Educação Infantil desde 1993.

Agora você também consegue acessar o *site* exclusivo da **Coleção Marcha Criança** por meio deste QR code.

Basta fazer o *download* de um leitor QR code e posicionar a câmera de seu celular ou *tablet* como se fosse fotografar a imagem acima.

editora scipione

editora scipione

Diretoria de conteúdo e inovação pedagógica
Mário Ghio Júnior
Diretoria editorial
Lidiane Vivaldini Olo
Gerência editorial
Luiz Tonolli
Editoria de Anos Iniciais
Tatiany Telles Renó
Edição
Angela Adriana de Souza
Arte
Ricardo Braga (superv.),
Andréa Dellamagna (coord. de criação),
Gláucia Correa Koller (progr. visual de capa e miolo),
Cláudio Faustino (editor de arte) e
Casa de Tipos (diagram.)
Revisão
Hélia de Jesus Gonsaga (ger.),
Rosângela Muricy (coord.),
Ana Curci e Claudia Virgilio (prep.),
Gabriela Macedo de Andrade,
Vanessa de Paula Santos e
Brenda Morais (estag.)
Iconografia
Sílvio Kligin (superv.),
Claudia Bertolazzi (pesquisa),
Cesar Wolf e Fernanda Crevin (tratamento de imagem)
Ilustrações
ArtefatoZ (capa), Ilustra Cartoon, MW Editora Ilustrações Ltda.
Sérgio Cântara e Cassiano Röda (miolo)
Cartografia
Eric Fuzii, Marcelo Seiji Hirata, Márcio Santos de Souza e
Robson Rosendo da Rocha

Direitos desta edição cedidos à Editora Scipione S.A.
Av. das Nações Unidas, 7221, 3º andar, Setor D
Pinheiros – São Paulo – SP – CEP 05425-902
Tel.: 4003-3061
www.scipione.com.br / atendimento@scipione.com.br

> Os textos sem referência são de autoria de Teresa Marsico e Armando Coelho.

Dados Internacionais de Catalogação na Publicação (CIP)
(Câmara Brasileira do Livro, SP, Brasil)

> Marsico, Maria Teresa
> Marcha criança : matemática, 5º ano: ensino fundamental / Maria Teresa Marsico, Maria Elisabete Martins Antunes, Armando Coelho de Carvalho Neto. – 12. ed. – São Paulo: Scipione, 2015. – (Coleção marcha criança)
> Bibliografia.
> 1. Matemática (Ensino fundamental) I. Antunes, Maria Elisabete Martins. II. Carvalho Neto, Armando Coelho de. III. Título. IV. Série.
>
> 15-02845   CDD–372.7

Índice para catálogo sistemático:
1. Matemática : Ensino fundamental 372.7

2017
ISBN 978 85262 9588 9 (AL)
ISBN 978 85262 9587 2 (PR)
Cód. da obra CL 738985
CAE 541 843 (AL) / 541 827 (PR)
12ª edição
4ª impressão
Impressão e acabamento
Brasilform Editora e Ind. Gráfica

Apresentação

Querido aluno, querida aluna,

Preparamos este livro com muito carinho especialmente para você. Ele está repleto de situações e atividades motivadoras, que certamente despertarão seu interesse e lhe proporcionarão muitas descobertas. Esperamos que com ele você encontre satisfação no constante desafio de aprender!

Ao final de cada Unidade apresentamos a seção **Ideias em ação**. Nela, você e seus colegas colocarão em prática alguns dos conhecimentos adquiridos no decorrer de seus estudos.

Além disso, como novidade, temos a seção **O tema é...**, trazendo para você temas para discutir, opinar e conhecer mais. De modo envolvente, essa seção preparará você e seus colegas para compreender melhor o mundo em que vivemos.

Crie, opine, participe, aprenda e colabore para fazer um mundo melhor. E lembre-se sempre de compartilhar seus conhecimentos com todos a sua volta.

Bons estudos e um forte abraço,

Maria Teresa, Maria Elisabete e Armando

Conheça seu livro

Veja a seguir como o seu livro está organizado.

Unidade

Seu livro está organizado em quatro Unidades. As aberturas são em páginas duplas. Em **Vamos conversar?** você e seus colegas discutem algumas questões e conversam sobre a imagem de abertura. Em **O que vou estudar?** você encontra um resumo do que vai aprender em cada Unidade.

Atividades

Momento de aplicar o conhecimento na prática por meio de atividades diversificadas.

Ler, refletir e resolver

Uma série de problemas que exploram o conteúdo estudado e a Matemática do dia a dia.

Ideias em ação

Esta seção encerra a Unidade. Nela, você faz uma atividade prática e pode usar o **Caderno de ideias em ação**.

O tema é...

Seção que traz temas para você discutir, opinar e aprender mais!

Glossário

Apresentação dos principais conteúdos de maneira resumida e organizados em ordem alfabética.

Sugestões para o aluno

Os livros sugeridos vão ajudá-lo a entender como a Matemática pode sair da sala de aula e se relacionar com temas do cotidiano.

Materiais de apoio

Caderno de criatividade e alegria

Conjunto de atividades para você brincar e aprender mais.

Caderno de jogos

Material que explora o conteúdo matemático por meio de atividades lúdicas: **Jogo das operações** e **Comparando decimais**.

Caderno de ideias em ação

Conjunto de materiais manipuláveis, especialmente elaborados para você usar na seção **Ideias em ação**.

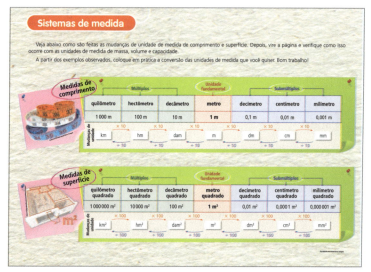

Página ⊕

No final do livro você encontra uma página especial, que destaca alguns dos assuntos explorados no livro.

Quando você encontrar estes ícones, fique atento!

 atividade oral   atividade no caderno   atividade em grupo

 Este ícone indica objetos educacionais digitais (OEDs) relacionados aos conteúdos do livro. Acesse: <www.marchacrianca.com.br>.

Sumário

UNIDADE 1 — Números naturais, Geometria, operações e sistemas 8

Capítulo 1: Números, uma grande invenção 10
Símbolos egípcios 11
Sistema de numeração egípcio 11
Sistema de numeração mesopotâmico 13
Sistema de numeração romano 14
Símbolos indo-arábicos 16
Os números naturais 18

Capítulo 2: OED Sistema de numeração decimal 23
Noção de ordens 24
Noção de classes 24
Valor absoluto e valor relativo 28
Arredondamento 28
Numeração ordinal 32

Capítulo 3: Geometria 35
Sólidos geométricos 36
Os sólidos geométricos e suas superfícies 37
Matemática e diversão 41
Plano, ponto e reta 42
Ampliando ou reduzindo figuras 54

Capítulo 4: Sistema monetário brasileiro .. 56
Unidade monetária brasileira: o real 57
O tema é... Diversidade cultural 60

Capítulo 5: Operações com números naturais 62
Adição 62
Subtração 68
Expressões numéricas: sinais de associação 72
Ideias em ação 74

UNIDADE 2 — Operações com números naturais e figuras geométricas 76

Capítulo 6: Operações com números naturais 78
Multiplicação: adição de parcelas iguais 78
Organização retangular 78
Múltiplos de um número natural 93
Mínimo múltiplo comum 95
Divisão 99
Cálculo mental 100
Divisores de um número natural 106
Máximo divisor comum 108
Critérios de divisibilidade 111
Números primos 114
O tema é... Dengue 122

Capítulo 7: OED Figuras geométricas ... 124
Ideia de ângulo 125
Medida de ângulo 126
Tipos de ângulo 126
Polígonos 131
Triângulos 133
Quadriláteros 135
Circunferência e círculo 138
Simetria 142
Figuras com mais de um eixo de simetria 142
Ideias em ação 146

Ilustra Cartoon/Arquivo da editora

UNIDADE 3 — Sentenças, frações e decimais 148

Capítulo 8: Sentenças matemáticas 150
Expressão com valor desconhecido 150
Expressão com mais de um valor desconhecido 151

Capítulo 9: OED Frações 155
Representação e leitura de um número fracionário 156
Leitura de frações 158
Fração de quantidades 160
Tipos de fração 164
Números mistos 167
Comparações de frações 182
Operações com frações 187
Multiplicação de frações 194
Frações inversas 196
Divisão de frações 198

O tema é... O impacto das embalagens no meio ambiente 202

Capítulo 10: Números decimais 204
Décimos, centésimos e milésimos 205
Representação e leitura 207
Transformando fração decimal em número decimal 210
Transformando número decimal em fração decimal 210
Comparação de números decimais 212
Operações com números decimais 214
Multiplicação 217
Divisão 221
Ideias em ação 228

UNIDADE 4 — Porcentagem e sistemas de medida 230

Capítulo 11: OED Porcentagem 232
Noção de porcentagem 232
Cálculo de porcentagem 234
Probabilidade 240
O tema é... Consumo consciente 242

Capítulo 12: Medidas de tempo 244
Unidade fundamental: o segundo 244
Outras medidas de tempo 246

Capítulo 13: Medidas de temperatura 247
Unidade fundamental: o grau Celsius 247

Capítulo 14: Medidas de comprimento 251
Unidade fundamental: o metro 251
Múltiplos e submúltiplos do metro 252
Ideia de perímetro 256

Capítulo 15: Medida de superfície 259
Unidade fundamental: o metro quadrado .. 259
Múltiplos e submúltiplos do metro quadrado 260
Áreas de figuras planas 264

Capítulo 16: Medidas de massa 270
Unidade fundamental: o grama 270
Múltiplos e submúltiplos do grama 271
Mudanças de unidade 273

Capítulo 17: Medidas de volume 275
Unidade fundamental: o metro cúbico 276
Múltiplos e submúltiplos do metro cúbico 277
Volume de figuras espaciais 279

Capítulo 18: Medidas de capacidade 282
Unidade fundamental: o litro 282
Múltiplos e submúltiplos do litro 283

Ideias em ação 288
Glossário 290
Sugestões para o aluno 294
Bibliografia 296

UNIDADE 1

Números naturais, Geometria, operações e sistemas

Vamos conversar?

- Do que você costuma brincar com seus colegas?
- Quais brinquedos do parque lembram figuras geométricas?

O que vou estudar?

- Números, uma grande invenção
- Sistema de numeração decimal
- Geometria
- Sistema monetário brasileiro
- Operações com números naturais (adição e subtração)

Capítulo 1
Números, uma grande invenção

Você consegue imaginar como era o mundo antes da invenção dos números? Como as pessoas faziam para representar, por exemplo, a quantidade de peixes que haviam pescado ou a quantidade de animais caçados?

Ilustra Cartoon/Arquivo da editora

Antes de o ser humano chegar ao sistema de numeração que conhecemos hoje, vários outros já foram usados. Vamos conhecê-los?

● Símbolos egípcios

Como efetuar cálculos rápidos e precisos com pedrinhas, nós ou riscos em um osso?

Foi partindo desse tipo de questão que os egípcios, há cerca de 5 mil anos, desenvolveram um modo de representar os números.

● Sistema de numeração egípcio

Veja como os egípcios representariam os números da placa de um carro.

Observe o quadro com os sete símbolos do sistema de numeração egípcio e seus respectivos valores.

Número	Símbolo	Objeto representado
1	𒑰	um traço vertical
10	∩	um sinal em forma de alça
100	℮	um pedaço de corda enrolada
1 000	⚘	uma flor de lótus
10 000	)	um dedo dobrado
100 000	🐸	um girino
1 000 000	🧎	uma figura ajoelhada

Os números na história da civilização, de Luiz Márcio Imenes. São Paulo: Scipione.

Essa maneira de representar os números baseava-se em grupos de 10. Ou seja: 10 traços verticais eram equivalentes a 1 sinal em forma de alça; 10 sinais em forma de alça eram equivalentes a 1 pedaço de corda enrolada, e assim por diante.

Os símbolos podiam ser repetidos para representar outros números.

6   15   60   423

1 Faça as representações abaixo usando o antigo sistema de numeração egípcio.

a) O número de alunos de sua classe. _____

b) O número de meninos de sua classe. _____

c) O número de meninas de sua classe. _____

d) O ano em que você está cursando o 5º ano. _____

2 Usando símbolos egípcios, represente os números do quadro.

26	75	153	1 265

Saiba mais

Sistema egípcio

No sistema egípcio não importa a posição dos símbolos; eles podem ocupar qualquer posição e continuar representando o mesmo valor. Observe os pergaminhos representando o número 131.

Os antigos egípcios usavam desenhos de animais e objetos para registrar quantidades. Esses símbolos são chamados hieróglifos.

Mural com inscrições egípcias e princesa Nefertari de aproximadamente 2600 a.C.

Capítulo 1 – Números, uma grande invenção

● Sistema de numeração mesopotâmico

Na antiga Mesopotâmia viviam povos como os sumérios, babilônios e assírios.

Observe e conheça um pouco sobre o sistema de numeração dos povos da Mesopotâmia.

1	2	3	4
5	6	7	8
9	10	11	12
13	14	15	20

Como você pode ver, esses povos utilizavam dois símbolos (um "triângulo" apontado para baixo e outro para o lado) para escrever qualquer número. Os símbolos eram gravados em placas de argila.

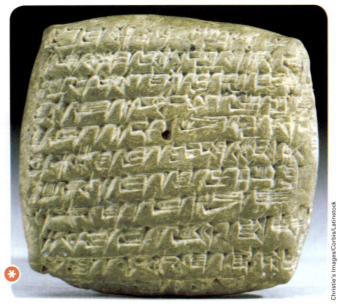

Símbolos gravados em placa de argila.

Sistema de numeração romano

Os antigos romanos, donos de um vasto império, estabeleceram uma forma de representar os números. Usavam em seu sistema de numeração apenas sete símbolos:

I	V	X	L	C	D	M
1	5	10	50	100	500	1 000

- Os símbolos I, X, C e M não podem ser repetidos mais de três vezes seguidas.

    IIII → IV
    ↑
    (não pode)

- Os símbolos V, L e D não podem ser repetidos.

- Escrevendo I, X e C à direita de símbolos que representam números maiores, fazemos uma adição.

    VI → 5 + 1 = 6   LXX → 50 + 10 + 10 = 70

- Escrevendo I, X e C à esquerda de símbolos que representam números maiores, fazemos uma subtração.

    XC → 100 − 10 = 90   CM → 1 000 − 100 = 900

- Um traço horizontal sobre um símbolo multiplica o valor por 1 000.

    $\overline{V}$ → 5 × 1 000 = 5 000 $\overline{XXX}$ → 30 × 1 000 = 30 000

Até o século XV a numeração romana foi muito usada. A partir daí, passou a vigorar o sistema de numeração que usamos atualmente, o indo-arábico. No entanto, ainda hoje observamos os símbolos romanos em diversas situações, como nos mostradores de relógios, títulos de nobreza e numeração de capítulos de livros.

relógio

rainha Elizabeth II

capítulo de livro

1 Escreva no sistema de numeração romano a data de seu nascimento.

Dia	Mês	Ano

2 Use símbolos romanos para escrever os números destacados.

No dia 7 de julho de 2007, no Estádio da Luz, em Lisboa, mais de **40 mil** pessoas assistiram à cerimônia de declaração das Sete Maravilhas do Mundo Moderno. ....

A Grande Muralha da China, com **3 460** km de extensão, foi eleita em primeiro lugar. ....

O segundo lugar ficou com as Ruínas de Petra, na Jordânia, que têm uma fachada de **42** metros de altura. ....

Em terceiro lugar temos o Cristo Redentor, um dos mais belos símbolos do Rio de Janeiro, com **38** metros de altura. ....

O quarto lugar ficou com a cidade inca de Machu Picchu, no Peru, que recebe cerca de **2 500** turistas diariamente. ....

Em quinto lugar temos a Pirâmide de Chichén Itzá (anterior a **800** d.C.), no México, um dos mais grandiosos templos da civilização maia. ....

O sexto lugar ficou com o Coliseu romano, construído no centro de Roma no ano **82** d.C. ....

Em sétimo lugar temos o Taj Mahal, um mausoléu construído em **1630** d.C. ....

● Símbolos indo-arábicos

Por volta do século V os hindus que habitavam o Vale do Rio Indo, onde hoje se localiza o Paquistão, criaram os símbolos que usamos hoje:

0, 1, 2, 3, 4, 5, 6, 7, 8, 9

Muito tempo depois, os árabes os aperfeiçoaram e os divulgaram pela Europa. Eles ficaram conhecidos como símbolos indo-arábicos.

Desde sua criação, os símbolos indo-arábicos sofreram algumas transformações em sua apresentação, antes de adquirirem a forma que conservam até hoje. Observe:

Hindu 300 a.C.	—	=	≡	ᛉ	ᛉ	6	?	5	?	
Hindu 500 d.C.	7	?	2	8	4	(	7	ſ	9	0
Árabe 900 d.C.	1	٢	٣	ε	δ	7	V	Λ	9	ο
Árabe (Espanha) 1000 d.C.	1	2	3	ɣ	4	ᒐ	ʏ	8	9	◊
Italiano 1400 d.C.	1	2	3	4	9	6	7	8	9	0
Atual	1	2	3	4	5	6	7	8	9	0

Conteúdo e metodologia da Matemática: números e operações, de Marília Centurión. São Paulo: Scipione.

Capítulo 1 – Números, uma grande invenção

Diversas civilizações desenvolveram seu próprio sistema de numeração, cada um com suas próprias regras, com o uso de diferentes símbolos para representar números. Alguns são mais complexos; uns já não são utilizados; outros continuam em uso até os dias atuais.

Veja o quadro abaixo.

	EGÍPCIOS 3400 a.C.	BABILÔNIOS 2000 a.C.	GREGOS 500 a.C.	ROMANOS	ÁRABES 1000 d.C.	CHINESES 300 a.C.	MAIAS 3000 a.C.
ZERO		⪶			0		⊙
UM	I	▽	α	I	1	一	•
DOIS	II	▽▽	β	II	2	二	••
TRÊS	III	▽▽▽	γ	III	3	三	•••
QUATRO	IIII	▽▽▽▽	δ	IV	4	四	••••
CINCO	IIIII	▽▽▽▽▽	ε	V	5	五	—
SEIS	IIIIII	▽▽▽/▽▽▽	ϛ	VI	6	六	•/—
SETE	IIIIIII	▽▽▽▽/▽▽▽	ζ	VII	7	七	••/—
OITO	IIIIIIII	▽▽▽▽/▽▽▽▽	η	VIII	8	八	•••/—
NOVE	IIIIIIIII	▽▽▽▽▽/▽▽▽▽	θ	IX	9	九	••••/—
DEZ	∩	◁	ι	X	10	十	=
CINQUENTA		⋖	ν	L	50		
SESSENTA				LX	60		
CEM	ϙ		ρ	C	100	百	
QUINHENTOS			ϕ	D	500		
MIL	⚱		Ἀ	M	1000	千	
DEZ MIL	𓁹		͞Μ	X̄	10 000	萬	
CEM MIL	⚶			C̄	100 000		
UM MILHÃO	𓀀			M̄	1 000 000		

Os números naturais

Observe:

NOSSA! QUANTAS PESSOAS SERÁ QUE HÁ NESTA FOTO?

Corrida de Rua contra o Câncer de Mama, realizada no Aterro do Flamengo. Rio de Janeiro (RJ), 2010.

Nos dias de hoje, quando queremos contar quantidades, empregamos os números naturais.

São usados apenas 10 símbolos, os 10 algarismos indo-arábicos, para representar qualquer número.

Você já conhece a sucessão dos números naturais:

0, 1, 2, 3, 4, 5, 6, 7, 8, 9, 10, 11, 12, 13, 14, 15…

Todo número tem um número que vem imediatamente depois dele. Esse número é chamado **sucessor**.

O sucessor de 0 é 1. — 0 + 1
O sucessor de 1 é 2. — 1 + 1
O sucessor de 58 é 59. — 58 + 1

Todo número natural, com exceção do zero, tem um número que vem imediatamente antes dele. Esse número é chamado **antecessor**.

O antecessor de 1 é 0. — 1 − 1
O antecessor de 2 é 1. — 2 − 1
O antecessor de 59 é 58. — 59 − 1

Capítulo 1 – Números, uma grande invenção

1 Observe o quadro da sequência dos números de 0 até 100.

0	1	2	3	4	5	6	7	8	9
10	11	12	13	14	15	16	17	18	19
20	21	22	23	24	25	26	27	28	29
30	31	32	33	34	35	36	37	38	39
40	41	42	43	44	45	46	47	48	49
50	51	52	53	54	55	56	57	58	59
60	61	62	63	64	65	66	67	68	69
70	71	72	73	74	75	76	77	78	79
80	81	82	83	84	85	86	87	88	89
90	91	92	93	94	95	96	97	98	99
100									

○ Agora complete.

a) Os números naturais formados por dois algarismos vão do número .... até o número ....

b) Escreva, por extenso, o antecessor dos números.

90: ....   41: ....

100: ....   23: ....

2 Continue escrevendo no quadro os próximos números da sequência.

100								

a) No quadro da atividade 1, quantos números estão escritos até 100?

....

b) Quantos números você escreveu no quadro acima?

....

3 Observe os dois quadros da página anterior e escreva o que é pedido.

a) O menor número de dois algarismos e o menor de três algarismos.

_____

b) O maior número de três algarismos.

_____

4 Pense na sequência dos números naturais e complete.

a) O sucessor do número 186 é _____ e seu antecessor é _____.

b) O número _____ é o sucessor de 888.

c) O antecessor do número _____ é o 905.

5 Complete o quadro.

Antecessor	Número	Sucessor
	232	
	1 001	
	30 009	
	998 998	
	12 040	
	175 910	

6 Usando os algarismos 3, 5, 6 e 8, sem repeti-los em um mesmo número, escreva:

a) o maior número possível; _____

b) o menor número possível; _____

c) os números maiores que 5 000 e menores que 6 000, em ordem crescente.

_____

_____

Capítulo 1 – Números, uma grande invenção

Observando e registrando

Localizando pontos na malha quadriculada

Um par ordenado de números naturais indica um ponto da malha quadriculada. Observe:

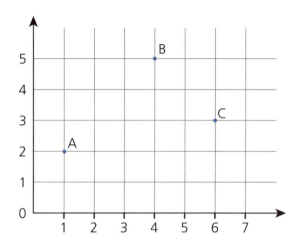

O par ordenado (1, 2) indica o ponto **A**.

O par ordenado (4, 5) indica o ponto **B**.

O par ordenado (6, 3) indica o ponto **C**.

- Agora é sua vez de descobrir o que está localizado em cada um destes pares ordenados.

   a) (1, 4): _____

   b) (3, 2): _____

   c) (5, 1): _____

Batalha-naval

Rogério e Tamara jogaram batalha-naval. Cada um deles deu 4 tiros.

Tendo como base a coluna "Tiro", escreva nos quadros as embarcações e o número de pontos que cada um deles atingiu.

Some os pontos e descubra quem foi o vencedor.

porta-aviões
60 pontos

destróier
90 pontos

encouraçado
150 pontos

submarino
50 pontos

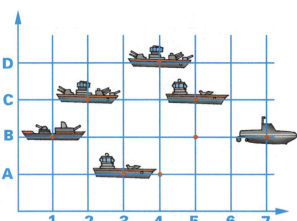

Rogério		
Tiro	Embarcação	Pontos
(7, B)		
(5, B)		
(3, A)		
(1, B)		
Total:		

Tamara		
Tiro	Embarcação	Pontos
(4, D)		
(2, C)		
(4, A)		
(5, C)		
Total:		

Vencedor: ....

Capítulo 1 – Números, uma grande invenção

Capítulo 2
Sistema de numeração decimal

O sistema de numeração que usamos é um sistema decimal, pois é contado em grupos de 10. Veja como podemos representar esses agrupamentos:

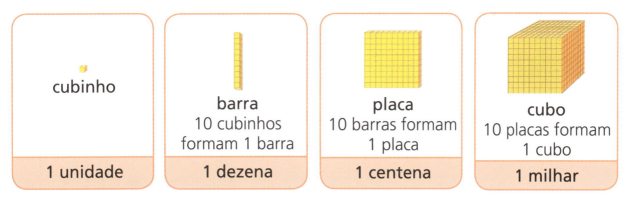

cubinho	barra 10 cubinhos formam 1 barra	placa 10 barras formam 1 placa	cubo 10 placas formam 1 cubo
1 unidade	1 dezena	1 centena	1 milhar

- 10 unidades agrupadas formam 1 dezena.
- 10 dezenas agrupadas formam 1 centena.
- 10 centenas agrupadas formam 1 milhar.

O sistema de numeração decimal permite-nos escrever qualquer número usando apenas dez símbolos.

0, 1, 2, 3, 4, 5, 6, 7, 8, 9

● Noção de ordens

A posição do algarismo no número é fundamental.

Cada algarismo ocupa uma **ordem**.

As ordens são contadas da direita para a esquerda.

● Noção de classes

Cada classe é formada por três ordens.

Observe o quadro de ordens:

4ª classe			3ª classe			2ª classe			1ª classe		
Bilhões			Milhões			Milhares			Unidades simples		
12ª ordem	11ª ordem	10ª ordem	9ª ordem	8ª ordem	7ª ordem	6ª ordem	5ª ordem	4ª ordem	3ª ordem	2ª ordem	1ª ordem
C	D	U	C	D	U	C	D	U	C	D	U

A 4ª classe é a dos bilhões; a 5ª classe é a dos trilhões; e assim por diante.

Leitura de um número

Para facilitar a leitura de um número, separam-se os algarismos em classes e lê-se cada uma delas da esquerda para a direita:

Lê-se: cento e cinquenta e três bilhões, quatrocentos e oitenta e seis milhões, setecentos e vinte e um mil, novecentos e vinte e três.

18 435 000
→ classe das unidades
→ classe dos milhares
→ classe dos milhões

QUANDO TODAS AS ORDENS DE UMA CLASSE SÃO REPRESENTADAS PELO ALGARISMO ZERO, NÃO É FEITA A LEITURA DESSA CLASSE.

Lê-se: dezoito milhões, quatrocentos e trinta e cinco mil.

1 Observe, no quadro, a população de alguns estados brasileiros e depois responda às questões.

Estado	População estimada – 2014
Amazonas	3 873 743
Bahia	15 126 371
Rio de Janeiro	16 461 173
São Paulo	44 035 304
Rio Grande do Sul	11 207 274

IBGE. Disponível em: <www.ibge.gov.br/estadosat/index.php>.
Acesso em: 26 set. 2014.

a) Qual desses estados tem o maior número de habitantes? Qual é a população desse estado? Escreva por extenso.

....

....

b) Quantos habitantes São Paulo tem a mais que o Rio de Janeiro? Escreva por extenso.

....

....

c) Qual dos estados tem o menor número de habitantes? Qual é a população desse estado? Escreva por extenso.

....

....

d) Quantas ordens e quantas classes tem o número que representa a população do estado da Bahia?

....

2 Escreva os números que estão representados nos ábacos.

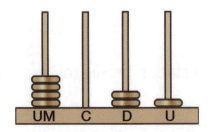   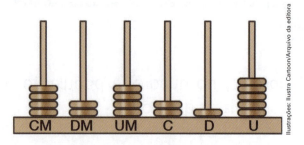

....

3 O combate à fome é uma preocupação mundial. Observe os números e depois responda às questões.

	Número de subnutridos (em milhões)	
	2009	2012
Regiões desenvolvidas	15	16
Regiões em desenvolvimento	852	852
África	220	239
Ásia	581	563
América Latina e Caribe	50	49
Oceania	1	1

Organização das Nações Unidas para a Alimentação e a Agricultura (FAO). Disponível em: <www.fao.org/docrep/016/i3027e/i3027e00.htm>. (Texto traduzido). Acesso em: 29 set. 2014.

a) Considerando as regiões desenvolvidas e as em desenvolvimento, qual era o total de subnutridos no mundo em 2012?

....

b) De 2009 para 2012, esse número aumentou ou diminuiu? Quanto?

....

c) Qual era o total de subnutridos na América Latina e no Caribe em 2012?

....

d) Em 2012, qual era o total de subnutridos nas regiões em desenvolvimento? Escreva por extenso.

....

Capítulo 2 – Sistema de numeração decimal

4 Leia os números e, em seguida, escreva-os por extenso. Observe o exemplo.

| 1,4 milhão | 49,4 milhões | 406,2 milhões |
| 37,7 milhões | 314 milhões | 228,8 milhões |

1,4 → um milhão e quatrocentos mil

49,4 → ...

406,2 → ...

37,7 → ...

314 → ...

228,8 → ...

o Agora escreva esses números em ordem crescente.

....

5 Veja a representação do número 1,1 bilhão no quadro.

4ª classe			3ª classe			2ª classe			1ª classe		
Bilhões			Milhões			Milhares			Unidades simples		
C	D	U	C	D	U	C	D	U	C	D	U
		1	1	0	0	0	0	0	0	0	0

o Como é a leitura desse número?

....

o Quantas ordens tem esse número? ...

....

o Quantas classes tem esse número? ...

● Valor absoluto e valor relativo

No sistema de numeração decimal, cada algarismo tem um valor conforme a posição que ocupa na escrita numérica.

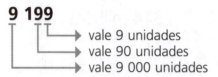

Como você viu, um mesmo algarismo tem valores diferentes:

- **Valor absoluto** é o valor do algarismo independentemente da posição que ocupa no número.

- **Valor relativo** é o valor do algarismo de acordo com a posição que ocupa no número.

● Arredondamento

A Lua é o satélite natural da Terra. O diâmetro médio da Lua é 3 476 km.

Muitas vezes usamos expressões como "aproximadamente" e "cerca de" ao arredondar um número.

Lua cheia acima do prédio do Congresso Nacional em Brasília, DF.

- O número 3 476 está mais próximo de 3 480 do que de 3 460; logo podemos arredondá-lo para a dezena mais próxima, que é 3 480.

- O número 3 476 está mais próximo de 3 500 do que de 3 400; logo podemos arredondá-lo para a centena mais próxima, que é 3 500.

Atividades

1) Escreva o valor absoluto (**VA**) e o valor relativo (**VR**) dos algarismos que formam os números.

78 956	
VA	VR

4 859	
VA	VR

2) No número 236 985, qual é o algarismo de:

a) menor valor relativo? ....

b) menor valor absoluto? ....

c) maior valor absoluto? ....

d) maior valor relativo? ....

3) Observe o número:

UM	C	D	U
8	5	0	2

a) Se você trocar os algarismos 2 e 5 de posição, o número aumenta ou diminui? Quantas unidades?

....

b) Para aumentar 20 unidades nesse número, devo trocar o zero por qual algarismo?

....

c) Para aumentar 1 000 unidades, que algarismo devo trocar? Por qual algarismo?

....

4 A turma do 5º ano estava estudando a região Norte do Brasil. Depois de fazer uma pesquisa, os alunos anotaram no quadro a população do estado mais populoso e a do menos populoso da região.

Estado	População estimada – 2014
Pará	8 073 924
Roraima	496 936

IBGE. Disponível em: <www.ibge.gov.br/estadosat/index.php>. Acesso em: 29 set. 2014.

- Agora complete as frases, aproximando os números para a centena de milhar mais próxima.

    a) O estado do Pará é o mais populoso, com aproximadamente .... habitantes.

    b) O estado de Roraima é o menos populoso, com aproximadamente .... habitantes.

5 Observe no quadro o diâmetro de alguns planetas do Sistema Solar e faça os arredondamentos.

Planeta	Diâmetro	Dezena mais próxima	Centena mais próxima	Unidade de milhar mais próxima
Terra	12 756 km	12 760		
Mercúrio	4 879 km			
Marte	6 794 km			
Vênus	12 103 km			
Urano	51 118 km			
Saturno	120 536 km			

Disponível em: <http://planetario.ufsc.br/o-sistema-solar/>. Acesso em: 5 dez. 2014.

Capítulo 2 – Sistema de numeração decimal

6 O Instituto Brasileiro de Geografia e Estatística (IBGE), em parceria com o Instituto Militar de Engenharia, efetuou as medições dos sete pontos culminantes brasileiros. Observe o quadro.

	Nome	Localidade	Estado	Altitude (m)
1º	pico da Neblina	serra do Imeri	AM	2 993,8
2º	pico 31 de Março	serra do Imeri	AM	2 972,7
3º	pico da Bandeira	serra do Caparaó	MG/ES	2 892,0
4º	pico da Pedra de Mina	serra da Mantiqueira	MG/SP	2 798,4
5º	pico das Agulhas Negras	serra do Itatiaia	MG/RJ	2 791,5
6º	pico do Cristal	serra do Caparaó	MG	2 769,8
7º	monte Roraima	serra do Paracaima	RR	2 739,3

IBGE. Disponível em: <http://biblioteca.ibge.gov.br/visualizacao/periodicos/20/aeb_2012.pdf>.
Acesso em: 29 set. 2014.

○ Agora complete as informações arredondando as novas altitudes para a dezena mais próxima.

a) O pico da Neblina, o ponto mais alto do Brasil, tem aproximadamente .... metros e localiza-se no estado do Amazonas.

b) O pico da Bandeira, situado entre os estados de Minas Gerais e Espírito Santo, é o terceiro ponto culminante do país. Tem aproximadamente .... metros de altura.

c) O pico das Agulhas Negras, entre Minas Gerais e Rio de Janeiro, ocupa a quinta posição, com aproximadamente .... metros de altitude.

d) O monte Roraima, que fica em Roraima, ocupa o sétimo lugar, com aproximadamente .... metros de altitude.

Numeração ordinal

Observe os dados a seguir.

Classificação dos planetas do Sistema Solar por tamanho do raio (em km)		
1º	Júpiter	71 492
2º	Saturno	60 268
3º	Urano	25 559
4º	Netuno	24 764
5º	Terra	6 378
6º	Vênus	6 052
7º	Marte	3 398
8º	Mercúrio	2 439

Enciclopédia do estudante: ciências da Terra e do Universo. São Paulo: Moderna, 2008. v. 3. p. 231.

Agora responda segundo a classificação dos planetas:

a) Em que posição está a Terra?

....

b) Qual é o segundo maior planeta?

....

Os números ordinais servem para indicar a ordem, o lugar, a posição.

Veja no quadro como alguns ordinais são lidos:

1º	primeiro	10º	décimo	100º	centésimo
2º	segundo	20º	vigésimo	200º	ducentésimo
3º	terceiro	30º	trigésimo	300º	trecentésimo
4º	quarto	40º	quadragésimo	400º	quadringentésimo
5º	quinto	50º	quinquagésimo	500º	quingentésimo
6º	sexto	60º	sexagésimo	600º	sexcentésimo
7º	sétimo	70º	septuagésimo	700º	setingentésimo (ou septingentésimo)
8º	oitavo	80º	octogésimo	800º	octingentésimo
9º	nono	90º	nonagésimo	900º	nongentésimo (ou noningentésimo)
				1 000º	milésimo
				1 000 000º	milionésimo

Capítulo 2 – Sistema de numeração decimal

1 Você sabia? Em 1º de abril de 2012, 2 500 atletas da natação fizeram a travessia entre as praias de Copacabana e do Leme, no Rio de Janeiro.

Nesta prova esportiva, chamada Travessia dos Fortes, os atletas nadam cerca de 3,8 quilômetros. Em 2012 o vencedor na categoria masculina foi o baiano Luiz Rogério Arapiraca, que representa o Exército. Levou 38 minutos e 33 segundos para completar a prova, conquistando o bicampeonato. Na categoria feminina, a vencedora foi Isabelle Longo com o tempo de 41 minutos e 46 segundos.

CAvEx representa Taubaté na Travessia dos Fortes 2012. **Diário de Taubaté On-line**. Disponível em: <www.diariotaubate.com.br/display.php?id=26585>. Acesso em: 30 set. 2014.

Travessia dos Fortes, em 1º de abril de 2012, no Rio de Janeiro (RJ).

○ Complete com números ordinais de acordo com o texto (escreva por extenso).

Isabelle Longo foi a .... colocada na categoria feminina, e Luiz Rogério Arapiraca foi o .... colocado na categoria masculina. É a .... vez que ele vence a Travessia dos Fortes.

2 Escreva por extenso os números ordinais abaixo:

29º: ....

85º: ....

530º: ....

1 000º: ....

Observando e registrando

Tabelas e gráficos

Na escola de Daniel há quatro turmas de 5º ano: **A**, **B**, **C** e **D**.

O gráfico de barras a seguir indica o número de meninos e de meninas em cada uma delas.

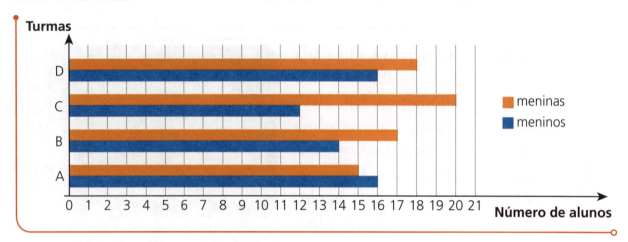

Complete a tabela com as informações do gráfico.

Turma	A	B	C	D
Meninas				
Meninos				
Total				

- Agora responda:

   a) Há mais meninos ou mais meninas no 5º ano?

   ....

   b) Em que turma há mais alunos?

   ....

   c) Em que turmas há o mesmo número de alunos?

   ....

   d) Quantos alunos estão matriculados no 5º ano?

   ....

   e) Em que turma há mais meninas?

   ....

Capítulo 3 — Geometria

Existem diversas construções e monumentos famosos no mundo. Veja a pirâmide do Museu do Louvre, em Paris, na França.

As obras realizadas pelo ser humano, além de quase tudo o que existe na natureza, têm uma forma, e algumas delas lembram figuras geométricas. Observe:

* Logomarca da Olimpíada de 2016, Rio de Janeiro (RJ).
* joaninha
* folha
* estrela-do-mar

Sólidos geométricos

Observe estes objetos:

Eles fazem parte de nosso dia a dia e possuem diferentes formatos. Alguns têm a forma de cubo; outros, de paralelepípedo; alguns de esfera; e assim por diante.

Os objetos cilíndricos, cônicos e esféricos são arredondados. A esfera rola quando é solta em uma rampa. Já o cubo e o paralelepípedo não rolam, eles podem apenas escorregar.

O cilindro tem superfícies plana e não plana. Se ele estiver apoiado na superfície plana, não rola. Mas apoiado na superfície não plana, ele rola.

Os sólidos geométricos e suas superfícies

Os sólidos geométricos que não possuem superfícies arredondadas são chamados **poliedros**. Os mais conhecidos são:

cubo   paralelepípedo   pirâmide

Os poliedros são formados por superfícies planas chamadas **polígonos**.

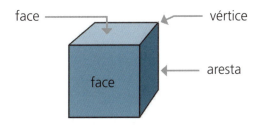

- Os polígonos que formam a figura são chamados **faces**.
- O encontro de duas faces resulta em um segmento de reta chamado **aresta**.
- O encontro de duas ou mais arestas resulta em um ponto chamado **vértice**.

Observe os tipos de face dos poliedros:

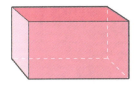

O **paralelepípedo** tem 6 faces em forma de retângulo.

O **cubo** tem 6 faces em forma de quadrado.

base quadrada   base triangular

As **pirâmides** têm a base sempre em forma de um polígono qualquer, enquanto as outras faces são sempre triângulos.

Os sólidos geométricos que possuem superfícies não planas são chamados **corpos redondos**.

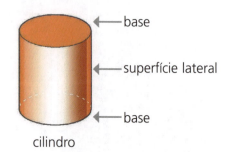

As bases são circulares (figuras planas).
A superfície lateral é uma figura não plana.

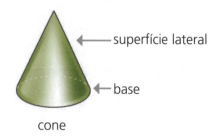

A base é circular (figura plana).
A superfície lateral é uma figura não plana.

Este sólido tem face esférica.

Observe a forma dos objetos abaixo e responda às questões.

- Esses objetos se parecem com quais sólidos geométricos?

....

- Quais são as semelhanças entre esses sólidos?

....

- Quais são as diferenças entre esses sólidos?

....

Atividades

1 Complete as frases.

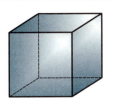

O .... tem
.... faces, ... arestas
e .... vértices.
Suas faces são ....

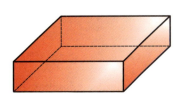

O ....
tem .... faces, ... arestas
e .... vértices.
Suas faces são ....

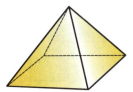

A ....
tem .... faces, ... vértices,
.... face quadrada e
.... faces triangulares.

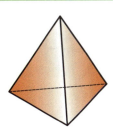

A ....
tem .... faces e .... vértices.
Todas as faces são
....

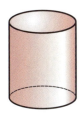

O .... tem .... faces
planas (bases). As faces planas
são ....

O .... tem .... face
plana (base). A face plana é
....

2 Desmontando uma caixa de creme dental, obtemos a planificação a seguir.

○ Relacione os sólidos geométricos com suas planificações.

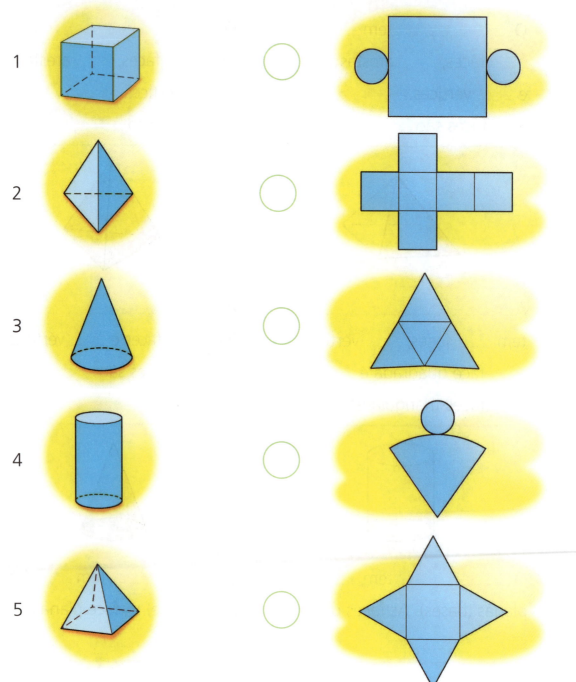

Matemática e diversão

Olho vivo!

Qual das caixas abaixo é igual à que está aberta? Circule-a.

● Plano, ponto e reta

Plano

A superfície da capa de um livro ou de uma mesa nos dá a ideia de plano.

O plano é indicado por uma letra do alfabeto grego: α (alfa), β (beta) ou γ (gama), por exemplo.

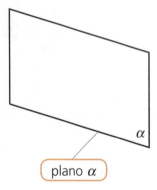
plano α

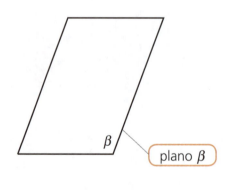
plano β

● Agora observe as imagens a seguir e marque a que representa um plano.

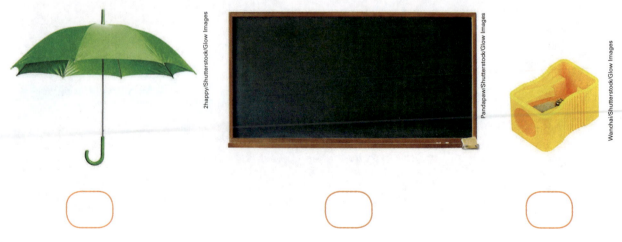

Observando e registrando

Localizando pontos no mapa

Raul passou alguns dias de férias no município de Arraial do Cabo, no estado do Rio de Janeiro, considerado um dos melhores locais para mergulho do país.

O mapa a seguir é uma representação, em um plano, da região onde fica esse município. Observe-o e complete o quadro com as praias e as ilhas visitadas por Raul. Observe o exemplo.

Mapa disponível em: **Guia Quatro Rodas Brasil 2005**. São Paulo: Abril, 2005. p. 236.

1º dia	(9, F)	Prainha
2º dia	(10, E)	
3º dia	(12, C)	
4º dia	(2, E)	
5º dia	(9, C)	
6º dia	(12, F)	
7º dia	(10, D)	

Ponto

Uma estrela no céu e a marca da ponta de um lápis no papel nos dão a ideia de **ponto**.

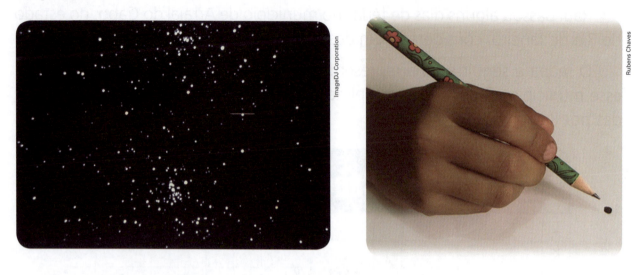

Os vértices dos sólidos são representados por pontos. Esses pontos costumam ser indicados por uma letra maiúscula do nosso alfabeto. Veja:

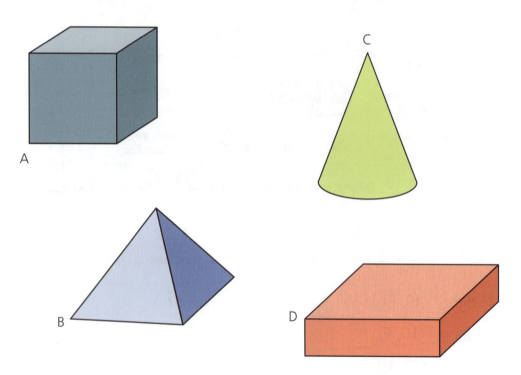

As figuras geométricas são formadas por um conjunto de pontos.

Ao encostar a ponta de uma caneta no papel, a marca que fica também é a representação de um ponto.

- Utilizando canetas hidrográficas de várias cores, faça um desenho em uma folha de papel usando somente pontos.

Reta

Um fio esticado ou a linha do horizonte nos dão a ideia de **reta**.

A reta é indicada por uma letra minúscula do nosso alfabeto. Observe:

Uma reta é formada por infinitos pontos.

Mas somente uma dessas retas pode passar por dois pontos ao mesmo tempo.

Entretanto, infinitas retas podem passar por um mesmo ponto.

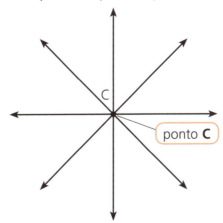

Posições de uma reta

De acordo com sua posição, uma reta pode ser horizontal, vertical ou inclinada.

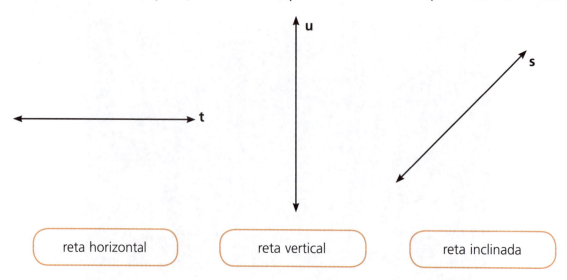

Retas paralelas e retas concorrentes

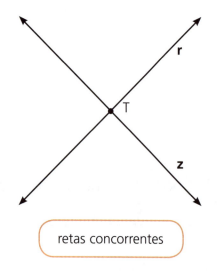

Retas concorrentes são as que se cruzam em apenas um ponto, ou seja, têm um ponto comum.

As retas **r** e **z** são concorrentes, pois se cruzam no ponto **T**.

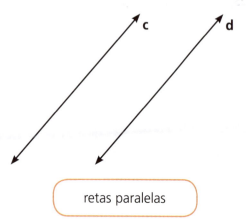

Retas paralelas são as que estão no mesmo plano, mas não têm nenhum ponto comum.

As retas **c** e **d** são paralelas, e assim representadas: **c // d**.

Atividades

1 Escreva o nome da posição das retas **m**, **n** e **v**.

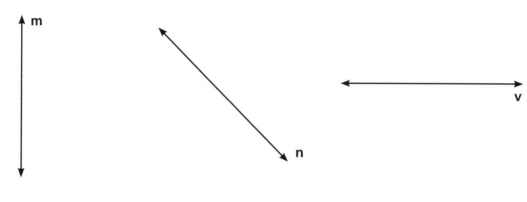

2 Assinale a resposta correta.

a) Por um único ponto podem passar:

◯ infinitas retas.

◯ algumas retas.

b) Por dois pontos pode(m) passar ao mesmo tempo:

◯ duas retas.

◯ apenas uma reta.

3 As retas abaixo são paralelas ou concorrentes?

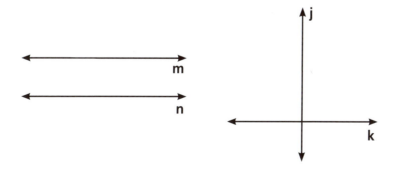 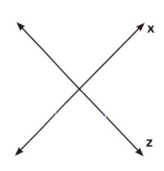

4 A planta abaixo representa o centro histórico de Salvador, conhecido como Pelourinho.

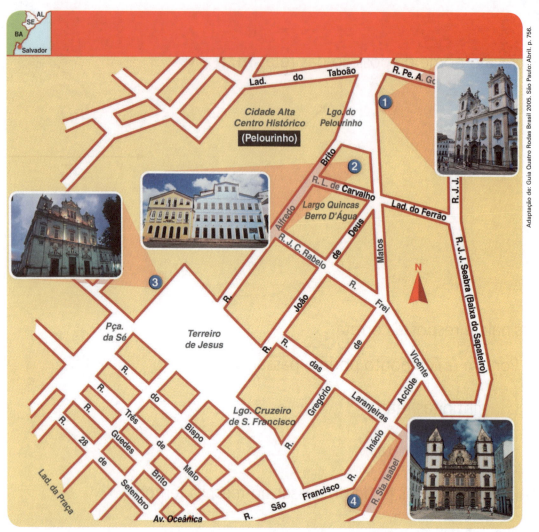

Adaptado de: **Guia Quatro Rodas Brasil 2005**. São Paulo: Abril, p. 756.

1. Igreja Nossa Senhora do Rosário dos Homens Pretos
2. Museu da Cidade e Fundação Casa de Jorge Amado
3. Catedral Basílica
4. Igreja da Ordem Terceira de São Francisco de Assis

Observe a planta e escreva se as ruas são paralelas ou concorrentes.

a) Rua Guedes Brito e rua Três de Maio.

b) Rua Inácio Acciole e rua das Laranjeiras.

c) Rua das Laranjeiras e rua Gregório de Matos.

d) Rua 28 de Setembro e rua Guedes Brito.

e) Rua Três de Maio e rua do Bispo.

5) Observe a tela abaixo e converse com os colegas e o professor sobre as questões.

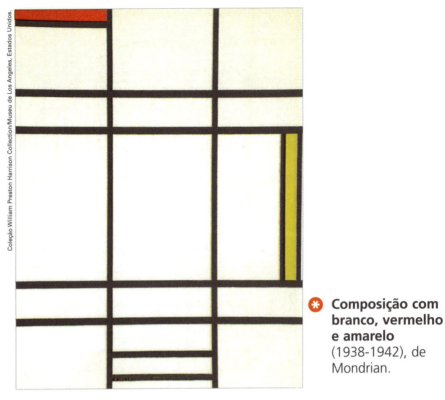

Composição com branco, vermelho e amarelo (1938-1942), de Mondrian.

a) Quais cores foram utilizadas?

....

b) Existe uma cor predominante? Qual?

....

c) A pintura expressa ordem ou desordem?

....

....

d) Existe equilíbrio nas formas? Como ele foi conseguido?

....

....

6) Na tela de Mondrian você deve ter observado que o artista usou retas paralelas e concorrentes. Faça você também um desenho em uma folha de papel sulfite usando linhas paralelas e concorrentes. Pinte-o como quiser.

Segmentos de reta

Observe como foi feita a ligação de dois pontos (**A** e **B**) por meio de duas linhas.

segmento de reta $\overline{AB}$

Como você pode observar, a linha reta é mais curta do que a linha curva.

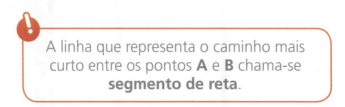

A linha que representa o caminho mais curto entre os pontos **A** e **B** chama-se **segmento de reta**.

Indica-se assim: $\overline{AB}$.

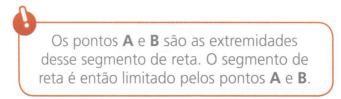

Os pontos **A** e **B** são as extremidades desse segmento de reta. O segmento de reta é então limitado pelos pontos **A** e **B**.

Veja agora o prolongamento do segmento $\overline{AB}$ indefinidamente, nos dois sentidos.

Prolongando, infinitamente, o segmento $\overline{AB}$ nos dois sentidos, obtemos uma **reta**.

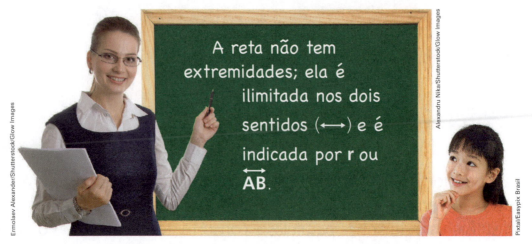

A reta não tem extremidades; ela é ilimitada nos dois sentidos (⟷) e é indicada por **r** ou $\overleftrightarrow{AB}$.

Semirretas

Observe a reta **r** abaixo.

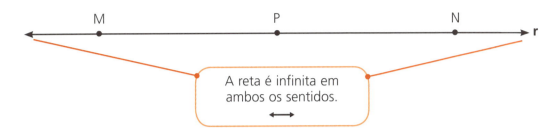

O ponto **P** divide a reta em duas partes. Cada parte é chamada **semirreta** de origem **P**.

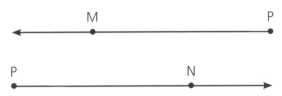

Ao contrário da reta, a semirreta é infinita apenas em um sentido:

$\overrightarrow{PM}$ ⟶ semirreta de origem **P**, passando pelo ponto **M**.

$\overrightarrow{PN}$ ⟶ semirreta de origem **P**, passando pelo ponto **N**.

- Agora assinale com o número 1 as semirretas, e com o número 2 os segmentos de reta.

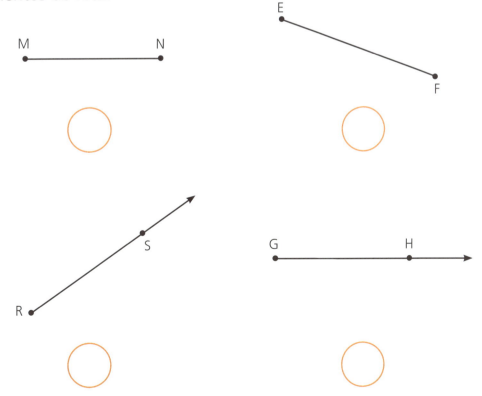

Atividades

1 Use a régua e meça os segmentos.

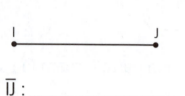

$\overline{IJ}$: ....

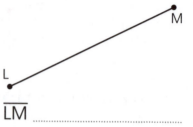

$\overline{LM}$ ....

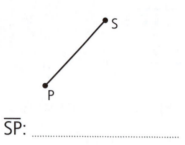

$\overline{SP}$: ....

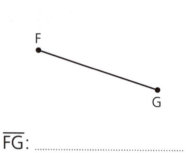

$\overline{FG}$: ....

2 Indique o ponto de origem das semirretas a seguir e marque também por quais pontos cada uma delas passa. Observe o exemplo.

Semirreta de origem **A**, passando pelo ponto **B**.

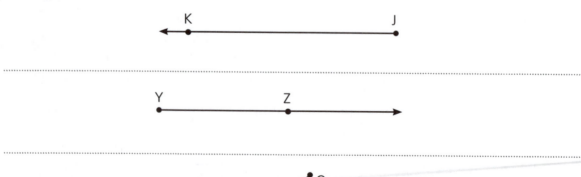

....

....

....

Capítulo 3 – Geometria

Observando e registrando

Tabelas e gráficos

Ronaldo pesquisou durante uma semana, em um dos jornais de sua cidade, as temperaturas máximas e mínimas registradas e anotou-as em uma tabela.

Dia da semana	Temperatura máxima	Temperatura mínima
domingo	38°	20°
2ª-feira	32°	15°
3ª-feira	30°	14°
4ª-feira	33°	19°
5ª-feira	35°	18°
6ª-feira	37°	19°
sábado	38°	18°

Para comparar melhor a variação da temperatura, ele construiu um gráfico de linhas. Veja:

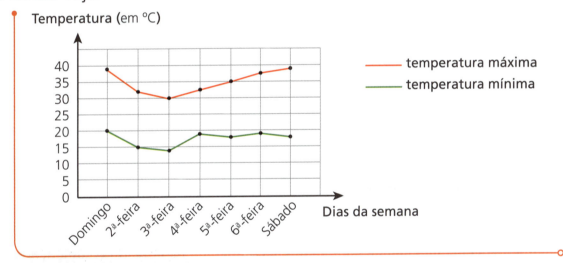

- Agora responda:

a) Em quais dias foram registradas as temperaturas mais altas?

_____

b) Em que dia foi registrada a temperatura mais baixa?

_____

c) De domingo para 2ª-feira, a temperatura máxima registrada subiu ou desceu? Quantos graus?

_____

Ampliando ou reduzindo figuras

Você conhece o personagem Senninha? Ele foi inspirado no grande piloto de Fórmula 1 Ayrton Senna. Os alunos da turma de Cristina ampliaram a figura de Senninha.

Observe:

As crianças desenharam Senninha em tamanho maior utilizando a malha quadriculada.

Saiba mais

Um campeão brasileiro

Ayrton Senna da Silva nasceu em São Paulo, no dia 21 de março de 1960. Começou na Fórmula 1 em 1984, na equipe Toleman. Um ano depois, passou para a Lotus. Já na McLaren, em 1988, conquistou o título mundial, o que se repetiria em 1990 e 1991.

No dia 1º de maio de 1994, em Ímola, na Itália, Ayrton Senna bateu seu carro a 300 km/h em uma das curvas e faleceu minutos depois.

Ainda hoje ele é lembrado no mundo todo por sua determinação e coragem.

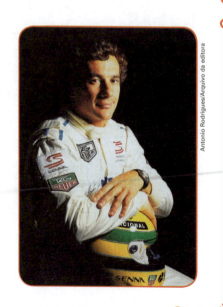

Atividades

1 Para as competições esportivas do colégio, as crianças elegeram como mascote um cachorro. Veja o desenho criado por elas:

LIGEIRINHO
COMPETIÇÃO 2017

Desenhe a mascote na malha ao lado.

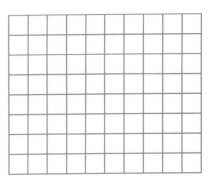

- A figura que você desenhou foi ampliada ou reduzida? ....

2 Amplie a figura do cachorro multiplicando a medida de cada segmento por 2:

Capítulo 4 — Sistema monetário brasileiro

Cruzeiro (1942)

Cruzeiro Novo (1967)

Cruzeiro (1970)

Cruzado (1986)

Cruzado Novo (1989)

Cruzeiro (1990)

Cruzeiro Real (1993)

Real (1994)

● Unidade monetária brasileira: o real

Desde julho de 1994, a unidade monetária brasileira é o real, representado pelo símbolo **R$**.

O real está dividido em 100 partes iguais chamadas **centavos** e se apresenta em cédulas e moedas.

Cédulas

R$ 2,00 ⟶ dois reais

R$ 5,00 ⟶ cinco reais

R$ 10,00 ⟶ dez reais

R$ 20,00 ⟶ vinte reais

R$ 50,00 ⟶ cinquenta reais

R$ 100,00 ⟶ cem reais

Moedas

R$ 0,01 ⟶ um centavo

R$ 0,05 ⟶ cinco centavos

R$ 0,10 ⟶ dez centavos

R$ 0,25 ⟶ vinte e cinco centavos

R$ 0,50 ⟶ cinquenta centavos

R$ 1,00 ⟶ um real

Atividades

1. Solange ganhou de presente de sua mãe um celular no valor de R$ 398,50. O pagamento foi feito com este cheque:

Se ela comprasse um celular de outro modelo, o valor seria de R$ 425,75. Preencha o cheque abaixo com esse valor.

2. Observe os anúncios:

a) Qual será o valor total do televisor se o pagamento for parcelado?

b) Ronaldo comprou um televisor a prazo. Quanto ele economizaria se tivesse comprado à vista?

c) Fátima comprou um televisor e uma geladeira e pagou à vista. Quanto ela pagou?

d) Pedro comprou uma geladeira à vista. Quanto pagou?

e) João comprou um televisor e um aparelho de DVD à vista. Quanto pagou?

f) Daniela comprou uma geladeira em 6 prestações. Qual foi o valor de cada prestação?

g) É mais vantajoso comprar a geladeira à vista ou em 6 vezes? Por quê?

h) Cláudio comprou um aparelho de DVD em 6 prestações. Quanto ele economizaria se tivesse comprado à vista?

i) Marina comprou o aparelho de DVD à vista e pagou o valor exato em dinheiro usando o menor número de cédulas possível. Que cédulas ela usou?

j) De que maneira Marina poderia efetuar o pagamento utilizando cédulas de 100 reais, 50 reais, 20 reais, 10 reais, 5 reais, 2 reais e moedas de 1 real?

O tema é... Diversidade cultural

O mundo inteiro utiliza os símbolos indo-arábicos, mas ainda se usam diferentes escritas.

Escrita com caracteres japoneses

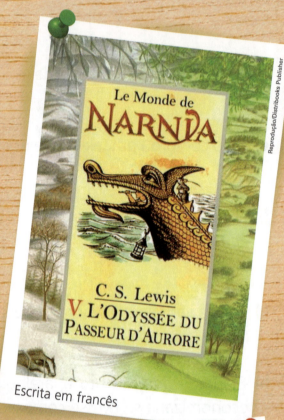

Escrita em francês

Escrita em árabe

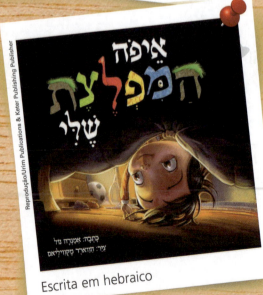

Escrita em hebraico

Antigamente não existiam os meios de comunicação e de transporte como existem hoje. Por isso, no decorrer da História, em diferentes regiões, o conhecimento humano foi se desenvolvendo sem que as civilizações tivessem contato entre si.

Pedrinhas e partes do corpo foram usadas para contar antes da criação dos sistemas de numeração (egípcio, mesopotâmico, romano e indo-arábico).

Em grupo, conversem sobre os seguintes assuntos:

- Alguém do grupo tem familiares ou conhecidos que falam ou escrevem em outro(s) idioma(s)? Qual(is)?
- Se não existissem os números, como você poderia contar para algum conhecido quantos alunos há na sua sala de aula?

A unidade monetária brasileira é o real. Cada país tem a sua própria moeda; por exemplo, na Argentina usa-se o peso, nos Estados Unidos, o dólar, e assim por diante.

Na Europa aconteceu um fato interessante: vários países se uniram formando a União Europeia. Inicialmente, cada um manteve sua moeda oficial. Em 1999, o euro (€) passou a existir na forma de cédulas e moedas e desde então circula em muitos países europeus para facilitar as transações comerciais dentro desse bloco econômico.

Pesquise sobre diferentes moedas:

- Que moedas são usadas nos diferentes países da América do Sul?
- Liste alguns países que usam o euro e pesquise sobre as moedas de outros países da União Europeia que não adotaram essa moeda.
- Qual a cotação atual do dólar, isto é, quanto vale em reais 1 dólar?
- Converta R$ 150,00 em dólares. (Vale usar calculadora!)
- Agora converta U$ 150,00 (150 dólares) em reais.

Compartilhe com toda a turma o que foi discutido.

Capítulo 5
Operações com números naturais

● Adição

Carla e Luiz Henrique são pessoas preocupadas com o meio ambiente e com o bem-estar das outras pessoas. Eles levaram para a cooperativa de reciclagem folhas de papel sulfite usadas.

Carla levou 95 folhas e Luiz Henrique levou mais 63.

Para saber quantas folhas eles levaram ao todo, é preciso efetuar uma adição:

95 folhas + 63 folhas .

```
   95  →  parcela
 + 63  →  parcela        } termos da adição
  158  →  soma ou total
```

A adição é indicada pelo sinal **+**, que se lê **mais**.

Os elementos que adicionamos são as **parcelas**. O resultado da adição é a **soma** ou **total**.

Atividades

1 Descubra o segredo e complete as sequências.

5		15			35	45
4	9	14			34	
13		43	58			133
100	250			850		

2 Efetue as adições no caderno e escreva abaixo os resultados.

a) 7 439 + 5 653 = ...

b) 8 652 + 4 879 = ...

c) 4 + 8 775 = ...

d) 5 978 + 6 969 = ...

e) 187 + 480 + 325 = ...

f) 2 381 + 296 + 374 = ...

g) 7 243 + 2 904 + 1 202 = ...

h) 6 474 + 3 845 + 1 097 = ...

3 Arredonde os números para a centena mais próxima e faça uma estimativa das somas.

a) 3 106 + 795
estimativa

b) 1 596 + 805
estimativa

c) 675 + 121
estimativa

d) 7 869 + 416
estimativa

● **Ler, refletir e resolver**

▤ **Faça em seu caderno**

① Veja no quadro quantos livros uma livraria vendeu no primeiro semestre do ano anterior.

Mês	Janeiro	Fevereiro	Março	Abril	Maio	Junho
Livros vendidos	575	1 246	902	734	398	206

a) Quantos livros foram vendidos nos dois primeiros meses, ou seja, no primeiro bimestre?

b) Quantos livros foram vendidos nos três primeiros meses, ou seja, no primeiro trimestre?

c) Quantos livros foram vendidos nesse semestre?

d) Em que mês foram vendidos mais livros? E em que mês foram vendidos menos livros?

② Para a decoração de um salão de festas foram usadas diversas bolas feitas de papel reciclado: 1 centena e meia dessas bolas eram vermelhas, 5 centenas brancas e 18 dezenas delas eram cor-de-rosa. Quantas bolas foram usadas ao todo na decoração do salão?

③ Tadeu percorreu de bicicleta o trecho representado na figura. Quantos metros ele percorreu em uma volta completa?

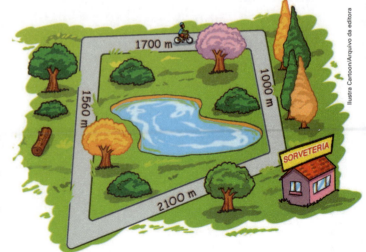

Capítulo 5 – Operações com números naturais

Propriedades da adição

o Fechamento

Quando somamos dois ou mais números naturais, obtemos sempre um número natural. Exemplos:

$$15 + 7 = 22$$

números naturais — número natural

$$63 + 21 + 9 = 93$$

números naturais — número natural

o Comutativa

A ordem das parcelas não altera a soma. Exemplos:

$$5 + 7 = 12$$

ou

$$7 + 5 = 12$$

o Associativa

A ordem em que se juntam as parcelas não altera a soma.

Veja no exemplo como obtemos o mesmo resultado fazendo variações entre as parcelas. Exemplo: $3 + 4 + 6$.

$$(3 + 4) + 6 = 7 + 6 = 13$$

ou

$$3 + (4 + 6) = 3 + 10 = 13$$

o Elemento neutro

O elemento neutro da adição é o zero, pois adicionando-se zero a qualquer número natural o resultado será o mesmo número natural. Exemplo:

$$85 + 0 = 85$$

Atividades

1) Identifique a propriedade usada, relacionando as colunas.

A) $35 + 0 = 35$ ◯ Propriedade associativa

B) $17 + 9 = 9 + 17$ ◯ Propriedade do elemento neutro

C) $(18 + 5) + 11 = 18 + (5 + 11)$ ◯ Propriedade comutativa

2) Aplicando as propriedades da adição, muitas vezes facilitamos os cálculos da soma. Veja o exemplo.

$$12 + 8 + 5 + 13 =$$
$$20 + 18 = 38$$

- Agora faça o mesmo:

a) $18 + 7 + 6 + 15 =$

b) $100 + 50 + 10 + 50 =$

3) Aplicando as propriedades da adição, descubra qual é o número natural que deve ser colocado no lugar de cada ▲.

a) $18 + 42 = 42 + ▲ \longrightarrow ▲ = $ _____

b) $25 + ▲ = 25 \longrightarrow ▲ = $ _____

c) $(19 + 20) + 15 = 19 + (▲ + 15) \longrightarrow ▲ = $ _____

Capítulo 5 – Operações com números naturais

4 Veja como foi efetuada a adição abaixo. Em seguida faça as outras adições da mesma forma.

$$152 + 350$$
$$100 + 50 + 2 + 300 + 50$$
$$400 + 100 + 2$$
$$502$$

a) $185 + 260$

b) $12\,000 + 1\,000 + 20\,100$

5 Estela separou material reciclável em quatro lixeiras coloridas. Usando as propriedades da adição, mostre três formas diferentes de Estela encontrar a soma de todo o material que ela separou.

papel 128
vidro 38
plástico 48
metal 29

Subtração

A subtração pode representar três ideias, dependendo da situação em que aparece:

- **Subtrativa** (Quanto sobra?)

Exemplo: Uma das tarefas da gincana da escola era arrumar, em 5 minutos, 20 pares de tênis que estavam embaralhados. A equipe **A** levou 3 minutos. Quantos minutos sobraram?

5 − 3 = 2

Sobraram 2 minutos.

- **Aditiva** (Quanto falta?)

Exemplo: Para completar as tarefas da gincana, a equipe **B** precisa conseguir 1 centena de agasalhos. Ela já conseguiu 75. Quantos agasalhos faltam para completar a tarefa?

100 − 75 = 25

Faltam 25 agasalhos para completar a tarefa.

- **Comparativa** (Quanto tem a mais?)

Exemplo: Ao final da gincana, a equipe **A** marcou 56 pontos e a **B**, 45. Quantos pontos a equipe **A** marcou a mais que a **B**?

56 − 45 = 11

A equipe **A** marcou 11 pontos a mais que a **B**.

O sinal da subtração é −, que se lê **menos**.

```
  59  → minuendo
− 41  → subtraendo
  18  → resto ou diferença
```
termos da subtração

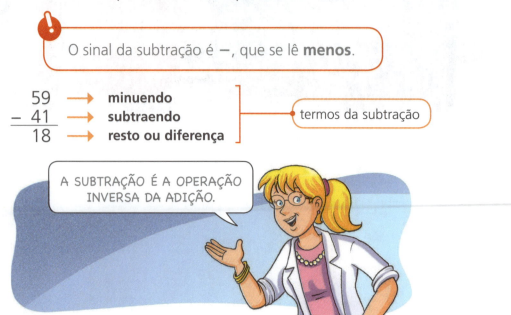

A SUBTRAÇÃO É A OPERAÇÃO INVERSA DA ADIÇÃO.

Atividades

1 Observe no quadro o ano de algumas invenções. Arredonde cada número para a centena mais próxima e calcule mentalmente.

Invenção	Ano	Arredondamento
Fotografia	1826	
Fósforo	1827	
Lâmpada	1879	
Bicicleta	1885	
Caneta esferográfica	1888	

Disponível em: 101 invenções que mudaram o mundo. **Superinteressante**, São Paulo: Abril, 2013. Edição especial.

a) Aproximadamente, a bicicleta foi inventada quantos anos após a fotografia? ....

b) O fósforo surgiu quanto tempo antes da lâmpada, em números aproximados? ....

2 Faça uma estimativa do resultado arredondando o minuendo e o subtraendo para a centena mais próxima.

a) 325 − 121
estimativa

c) 1 278 − 195
estimativa

b) 895 − 608
estimativa

d) 6 310 − 1 295
estimativa

3 Efetue as subtrações no caderno e escreva os resultados.

a) 98 − 23 = ...

b) 54 − 12 = ...

c) 971 − 649 = ...

d) 8 565 − 3 783 = ...

e) 25 966 − 19 465 = ...

f) 15 635 − 10 009 = ...

4 Daniela, Carolina e Joel disputaram um jogo em duas rodadas. Ganhou o jogo quem fez mais pontos. Observe o quadro e complete-o.

	Pontos na 1ª rodada	Pontos na 2ª rodada	Total
Daniela	128	57	
Carolina	151		257
Joel		112	260

o Agora responda:

a) Quem ganhou o jogo?

....

b) Quem fez mais pontos, Daniela ou Carolina? Quantos a mais?

....

c) Quantos pontos Joel fez a mais que Carolina?

....

d) E quantos pontos ele fez a mais que Daniela?

....

e) Quantos pontos foram feitos na 1ª rodada?

....

f) E na 2ª rodada?

....

g) Em qual rodada foram feitos mais pontos? Quantos pontos a mais?

....

Ler, refletir e resolver

Faça em seu caderno

1 Cristina nasceu em 1976. Quantos anos ela completou em 2014?

2 Renato tem 5 anos e seu pai tem 29 anos. A idade da mãe de Renato é a soma da idade dele com a de seu pai, menos 8 anos. Quantos anos tem a mãe de Renato?

3 A biblioteca de uma escola tem 4 785 livros. A diretora está fazendo uma campanha para chegar aos 10 000. Quantos livros ela precisa conseguir?

4 Um caminhoneiro percorreu 675 quilômetros em 3 dias. No primeiro dia, percorreu 274 quilômetros; no segundo, 236. Quantos quilômetros ele percorreu no terceiro dia?

5 A mãe de Guilherme comprou um conjunto de 3 malas por R$ 460,00. A mala menor custou R$ 95,00 e a maior custou R$ 220,00. Qual era o preço da mala média?

6 Paulo ganhou dinheiro do avô e do pai. O avô deu R$ 60,00 e o pai deu R$ 50,00 a mais que o avô. Paulo comprou um relógio por R$ 84,00, um jogo por R$ 35,00 e depositou o restante na poupança. Quanto ele colocou na poupança?

Expressões numéricas: sinais de associação

4 + 8 − 5 = ■

COMO RESOLVO ESTA EXPRESSÃO?

É FÁCIL! É SÓ OBEDECER À ORDEM EM QUE AS OPERAÇÕES APARECEM.

Assim: 4 + 8 − 5 =
       12 − 5 = 7

Se houver parênteses, efetuamos as operações neles contidas em primeiro lugar.

(9 + 7) − 5 =   20 − (15 + 2) =
  16 − 5 = 11   20 − 17 = 3

Se houver parênteses, colchetes e chaves, efetuam-se as operações na seguinte ordem:

1º – as operações que estão entre parênteses;

2º – as operações que estão entre colchetes;

3º – as operações que estão entre chaves.

( ) parênteses
[ ] colchetes
{ } chaves

Veja este exemplo:

60 − {52 + [(7 − 3) − 3] + 2} = — Efetua-se primeiro a operação que está entre parênteses.

60 − {52 + [4 − 3] + 2} = — Em seguida, efetua-se a operação que está entre colchetes.

60 − {52 + 1 + 2} =

60 − 55 = 5 — Finalmente, efetua-se a operação que está entre chaves.

ATENÇÃO! À MEDIDA QUE AS OPERAÇÕES VÃO SENDO REALIZADAS, OS SINAIS DE ASSOCIAÇÃO VÃO DESAPARECENDO.

Capítulo 5 – Operações com números naturais

Atividade

o Resolva as expressões numéricas abaixo.

a) $36 - [16 - (10 + 4) + (8 + 12)] =$

b) $\{120 - [90 + (36 - 25) + 9] - 7\} + 8 =$

c) $30 - \{40 - [18 + (14 - 6)]\} + 6 =$

d) $23 + [(8 - 5 + 2) - 4] =$

e) $65 + \{10 - [5 - (6 - 4) + 2]\} =$

f) $44 - [(2 + 8) + (3 - 2 - 1)] =$

● **Matemática e diversão**

Quais são os números escondidos?

```
   4 8 6 3          ▲ = _____          6 4 8 3          ▲ = _____
+  2 ▲ 4 ■          ■ = _____       −  5 ▲ 4 ■          ■ = _____
─────────                             ─────────
   7 2 0 8                               1 1 3 8
```

Ideias em ação

Sólidos geométricos

● **Planificação do cone**

Material necessário

- 1 folha do **Caderno de ideias em ação**
- 4 folhas de papel sulfite
- régua
- compasso
- tesoura sem pontas
- cola
- transferidor

Nesta Unidade, você estudou os sólidos geométricos, em especial o cone.

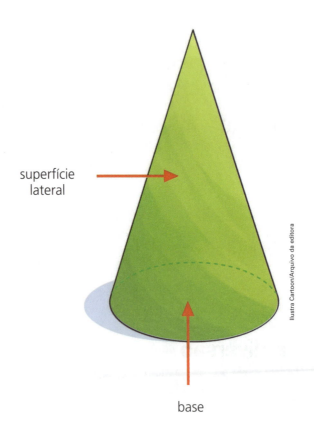

superfície lateral

base

Agora você vai construir essa figura a partir de sua planificação, isto é, a partir de figuras planas. Veja a seguir.

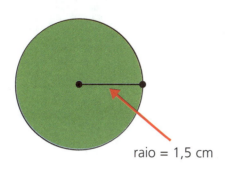

raio = 1,5 cm

A base do cone é um círculo, que já é uma superfície plana.

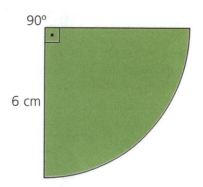

90°

6 cm

Esta figura plana (sem as abas) chama-se **setor circular**. Ela formará a superfície lateral do cone.

Como fazer

- Usando a régua e o compasso, desenhe a base e a superfície do cone. Use a folha do **Caderno de ideias em ação**.
- Recorte-as e cole-as usando as abas.

Pronto!

Veja se o seu cone ficou parecido com o dos colegas.

Desafio

Construa agora um cubo ou um paralelepípedo com as folhas de papel sulfite. Você pode escolher as medidas.

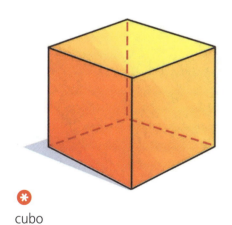

cubo

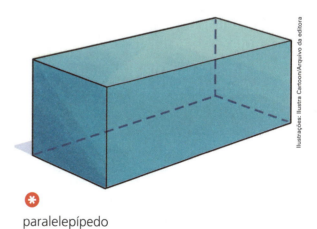

paralelepípedo

Exponha o seu trabalho para a classe.

Para pensar e conversar

É possível construir uma esfera por meio de sua planificação?

UNIDADE 2

Operações com números naturais e figuras geométricas

Vamos conversar?
- Qual é o total de carteiras desta sala de aula?
- E em sua sala de aula, quantas carteiras há no total?

O que vou estudar?
- Operações com números naturais (multiplicação e divisão)
- Figuras geométricas

Capítulo 6 — Operações com números naturais

● Multiplicação: adição de parcelas iguais

Para participar de uma gincana escolar do bairro, 5 escolas foram convidadas.

Cada escola deverá enviar 12 alunos. Quantos alunos vão participar da gincana?

$$12 + 12 + 12 + 12 + 12 = 60$$
adição de 5 parcelas iguais

ou

$$5 \times 12 = 60$$

Vão participar da gincana 60 alunos.

● Organização retangular

No local de entrega das tarefas, foram colocadas 3 fileiras de 5 cadeiras. Quantas cadeiras foram colocadas?

Em uma fila há 5 cadeiras.

O número de cadeiras nas 3 fileiras é:

$3 \times 5 = 15$

ou

$5 \times 3 = 15$

Foram colocadas 15 cadeiras.

Estes são os termos da multiplicação:

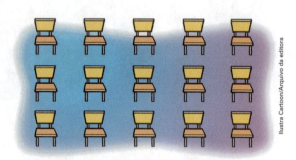

```
      3   → multiplicando   — parcela que se repete
    × 5   → multiplicador   — número de vezes que a parcela se repete
     15   → produto         — resultado da multiplicação
```

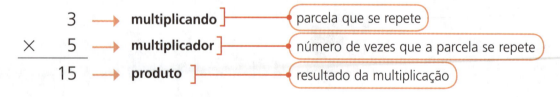

O sinal da multiplicação é ×, que se lê **vezes**.

Existem outras circunstâncias que também envolvem a ideia de multiplicação. São situações que apresentam **raciocínio combinatório**. Veja o exemplo:

Em uma das tarefas da gincana, cada representante de equipe deverá combinar 3 camisetas com 2 bermudas e vestir-se de todas as maneiras possíveis. De quantas maneiras diferentes cada representante poderá se vestir?

Cada camiseta pode ser combinada com 2 bermudas. Como são 3 camisetas, então:

$$3 \times 2 = 6$$

Cada representante de equipe poderá se vestir de 6 maneiras diferentes.

Atividades

1) Escreva sob a forma de multiplicação o número de carrinhos desta coleção:

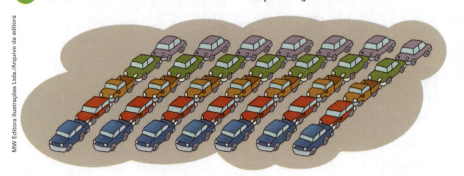

....

2) Represente as adições em forma de multiplicação.

a) 4 + 4 + 4 = ...

b) 9 + 9 = ...

c) 7 + 7 + 7 + 7 + 7 = ...

d) 5 + 5 + 5 + 5 = ...

3) Escreva as multiplicações em forma de adição e calcule.

a) 2 × 7 = ...

b) 5 × 6 = ...

c) 4 × 9 = ...

d) 6 × 3 = ...

4) A boneca de Andreia tem 4 saias e 5 blusas. Combinando as saias com as blusas, com quantos trajes diferentes ela poderá vestir sua boneca?

....

Capítulo 6 – Operações com números naturais

5 Marcela convidou suas primas Renata e Rosângela para tomar sorvete.

- Marcela quer tomar sorvete de morango, mas não sabe qual cobertura escolher. Quantas combinações ela poderá fazer? Complete o quadro.

Sorvete	Coberturas			
	Morango	Chocolate	Caramelo	Chantili
Morango				

- Renata gosta dos sorvetes de creme e chocolate e das coberturas de caramelo e chantili. Para tomar sorvete de uma bola com apenas um tipo de cobertura, que combinações ela poderá fazer? Complete o quadro.

Sorvetes	Coberturas	
	Caramelo	Chantili
Creme		
Chocolate		

- Já Rosângela gosta de todos os sabores de sorvete, mas gosta apenas da cobertura de chocolate. Ela vai tomar um sorvete de uma bola. Quantas são as opções de Rosângela? Complete o quadro.

Sorvetes	Cobertura de chocolate
Creme	
Morango	
Flocos	
Chocolate	
Baunilha	

6 Faça de conta que você é funcionário da loja Móveis na Medida e está atendendo a um cliente. Para preencher o pedido de compra, calcule os valores das mercadorias. Utilize uma calculadora.

Móveis na Medida

Pedido n.º 17 836   Data de emissão:

ARTIGO	QUANTIDADE	PREÇO UNITÁRIO R$	TOTAL R$
Escrivaninha	5	120,00	
Cadeira sem braços	3	75,00	
Cadeira com braços	2	90,00	
Estante aberta	2	95,00	
Estante com porta	1	120,00	
VENDEDOR:		**TOTAL A PAGAR:**	

Capítulo 6 – Operações com números naturais

Multiplicação com multiplicador maior que 10

Observe as multiplicações.

```
      3 6
    × 3 2
      7 2   → 2 × 36
  + 1 0 8 0  → 30 × 36
    1 1 5 2
```

```
        3 2 3
      × 1 2 7
        2 2 6 1   → 7 × 323
        6 4 6 0   → 20 × 323
    + 3 2 3 0 0   → 100 × 323
      4 1 0 2 1
```

VAMOS RECORDAR!

JÁ SEI! ELIMINAMOS OS ZEROS DA 2ª E DA 3ª PARCELAS!

Método prático

```
      3 6
    × 3 2
      7 2
  + 1 0 8
    1 1 5 2
```

```
        3 2 3
      × 1 2 7
        2 2 6 1
          6 4 6
      + 3 2 3
      4 1 0 2 1
```

O zero na multiplicação

Quando se multiplica um número por zero, o produto é sempre zero. Veja:

5 × 0 = 0   0 × 5 = 0   6 × 0 = 0   0 × 6 = 0

Atividades

1 Arme e efetue no caderno. Depois escreva os resultados.

a) 12 × 315 = ...

b) 423 × 37 = ...

c) 23 × 312 = ...

d) 798 × 135 = ...

e) 658 × 19 = ...

f) 135 × 123 = ...

g) 985 × 129 = ...

h) 931 × 353 = ...

2 Encontre o valor aproximado e o valor exato das multiplicações.

a) 43 × 32 =

    aproximado　　　　　　　　　　　**exato**

b) 58 × 42 =

    aproximado　　　　　　　　　　　**exato**

c) 29 × 79 =

    aproximado　　　　　　　　　　　**exato**

Ler, refletir e resolver

Faça em seu caderno

1 Se um livro de Matemática custa R$ 34,00, quanto custarão 28 livros?

2 A baleia-azul é o maior animal que existe no mundo. Seu coração bate, em média, 9 vezes por minuto. Quantas vezes, em média, ele bate em 1 hora?

baleia-azul

3 Fiz doces para uma festa. Arrumei-os em 11 bandejas, colocando 12 unidades em cada uma delas. Quantos doces eu fiz?

4 Em uma feira de artesanato do Nordeste, Paula comprou 3 bonecas feitas de garrafas PET. Cada boneca custou R$ 26,00. Quanto ela gastou?

5 Marieta foi comprar bolas de vôlei para a escola. Ela comprou 19 bolas, e cada uma delas custava R$ 37,00. Quanto Marieta gastou?

Matemática e diversão

Multiplicando por 9 com as mãos

VEJA COMO FAÇO A TABUADA DO 9 USANDO OS DEDOS DAS MÃOS.

PARA CALCULAR 9 × 2, ESCONDO O SEGUNDO DEDO DA MÃO ESQUERDA, QUE REPRESENTA × 2 (A PARTIR DO LADO ESQUERDO). O NÚMERO DE DEDOS QUE FICAR À ESQUERDA DO DEDO ESCONDIDO É A DEZENA DO RESULTADO. O NÚMERO QUE ESTIVER À DIREITA CORRESPONDE ÀS UNIDADES.

9 × 2 = 18

PARA CALCULAR 9 × 8, ESCONDO O OITAVO DEDO DA ESQUERDA PARA A DIREITA. COMO 8 É MAIOR QUE 5, O OITAVO DEDO CAI NA MÃO DIREITA. FICO COM 7 DEDOS DO LADO ESQUERDO DO DEDO ESCONDIDO, QUE SÃO AS DEZENAS, E COM 2 DEDOS DO LADO DIREITO, QUE SÃO AS UNIDADES.

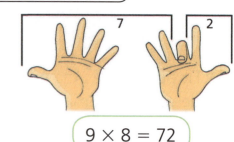

9 × 8 = 72

- Ligue as multiplicações às mãos que mostram os resultados correspondentes.

9 × 3   9 × 5   9 × 9

Propriedades da multiplicação

Fechamento

8 × 4 = 32
8 É UM NÚMERO NATURAL,
4 É UM NÚMERO NATURAL
E 32 TAMBÉM É.

O produto de dois números naturais é sempre um número natural.

Comutativa

3 × 5 = 15
E
5 × 3 = 15

ENTÃO:
3 × 5 = 5 × 3.

A ordem dos fatores não altera o produto.

Associativa

2 × 5 × 3 = 30

(2 × 5) × 3 =
10 × 3 = 30

2 × (5 × 3) =
2 × 15 = 30

Na multiplicação podemos associar vários fatores de diferentes maneiras, e o resultado não se altera.

Elemento neutro

O NÚMERO 1 É O ELEMENTO NEUTRO DA MULTIPLICAÇÃO.

$7 \times 1 = 7$
$1 \times 7 = 7$

$5 \times 1 = 5$
$1 \times 5 = 5$

O resultado da multiplicação de qualquer número natural por 1 é sempre o próprio número.

Distributiva

— Em relação à adição, observe:

$4 \times (2 + 5) =$
$4 \times 7 = 28$

Aplicando a propriedade distributiva, temos:

$4 \times (2 + 5) =$
$4 \times 2 + 4 \times 5 =$
$8 + 20 = 28$

Para multiplicar um número por uma adição, multiplicamos esse número pelas parcelas, uma de cada vez, e somamos os resultados obtidos.

— Em relação à subtração, observe:

$4 \times (5 - 2) =$
$4 \times 3 = 12$

Aplicando a propriedade distributiva, temos:

$4 \times (5 - 2) =$
$4 \times 5 - 4 \times 2 =$
$20 - 8 = 12$

Para multiplicar um número por uma subtração, multiplicamos esse número pelos termos da subtração, separadamente, e subtraímos os resultados obtidos.

Atividades

1) Identifique a propriedade da multiplicação aplicada.

a) 4 × 3 = 3 × 4 → ....

b) 5 × (3 + 4) = (5 × 3) + (5 × 4) → ....

c) 9 × 6 = 54 → ....

d) (2 × 8) × 3 = 2 × (8 × 3) → ....

e) 4 × 1 = 4 → ....

2) Aplique a propriedade comutativa e calcule.

a) 3 × 105 = ...

b) 20 × 17 = ...

c) 5 × 215 = ...

d) 430 × 2 = ...

3) Calcule as multiplicações aplicando a propriedade associativa.

5 × 6 × 2 =	6 × 9 × 5 =

4) Aplique a propriedade distributiva e calcule.

a) (2 + 9) × 3 =

b) 6 × (11 − 8) =

5) Complete com um número que torne verdadeira cada igualdade.

a) 6 × 7 = 7 × ....

b) 9 × (.......... + 5) = 9 × 4 + 9 × 5

c) .... × 5 = 5 × 7

d) 2 × (12 − 2) = ... × 12 − 2 × 2

e) 2 × 3 × 7 = 2 × ....

f) 3 × 7 × 4 = ... × 28

Dobro, triplo, quádruplo, quíntuplo, sêxtuplo

Calcular o dobro, o triplo, o quádruplo, o quíntuplo e o sêxtuplo de 2 balões:

- Dobro: basta multiplicar por 2.

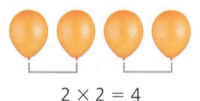

$2 \times 2 = 4$

VAMOS RECORDAR!

- Triplo: basta multiplicar por 3.

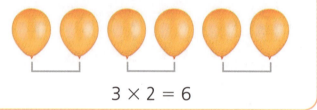

$3 \times 2 = 6$

- Quádruplo: basta multiplicar por 4.

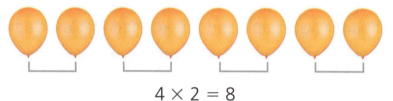

$4 \times 2 = 8$

- Quíntuplo: basta multiplicar por 5.

$5 \times 2 = 10$

- Sêxtuplo: basta multiplicar por 6.

$6 \times 2 = 12$

Desafio

• Faça os cálculos no caderno e escreva abaixo os resultados.

a) O dobro de 85 menos o triplo de 27 é ....

b) O quíntuplo de 12 vezes o dobro de 5 é ....

c) O quádruplo de 27 mais o sêxtuplo de 13 é ....

d) O sêxtuplo de 90 menos o triplo de 49 é ....

e) O quádruplo de 11 vezes o triplo de 4 é ....

Ler, refletir e resolver

Faça em seu caderno

1) Em uma floricultura, foram vendidas, em 1 dia, 5 dúzias de cravos, o quádruplo dessa quantidade de rosas e mais 10 dúzias de palmas. Quantas flores foram vendidas ao todo?

2) Rafael comprou um par de tênis por R$ 85,00. Sua mãe havia lhe dado o triplo dessa quantia como presente de aniversário. Com quanto Rafael ficou?

3) Renata comprou uma blusa, uma saia e um par de sandálias. A blusa custou R$ 15,00. A saia custou o dobro do preço da blusa, e as sandálias, o triplo do preço da saia. Ao pagar a despesa com três notas de R$ 50,00, o caixa pediu R$ 5,00 para facilitar o troco. Quanto Renata recebeu de troco?

4) Para decorar a festa de aniversário de Paula, foram compradas 2 centenas e meia de balões amarelos e o triplo dessa quantidade de balões brancos. Ao enchê-los, 85 estouraram. Quantas balões foram utilizados?

Expressões numéricas envolvendo adição, subtração e multiplicação

Nas expressões numéricas que contêm adição, subtração e multiplicação, devemos resolver essas operações na seguinte ordem:

> 1º As multiplicações.
>
> 2º As adições e as subtrações, na ordem em que aparecem.

$45 - \{25 - [7 + (2 \times 7)]\} =$ ⎤ Eliminando os parênteses.

$45 - \{25 - [7 + 14]\} =$ ⎤ Eliminando os colchetes.

$45 - \{25 - 21\} =$ ⎤ Eliminando as chaves.

$45 - 4 = 41$

○ Agora calcule as expressões:

a) $12 + [35 - (4 \times 8 - 15)] =$

b) $\{25 + [(7 \times 8 - 20) \times 2]\} - 40 =$

● Múltiplos de um número natural

No fim de semana, Marquinhos e Iara viajaram de trem com seus pais até a cidade onde moram os avós.

Imagine que esse trem apitou de 5 em 5 minutos. Ele apitou do ponto de partida zero (0) e a cada 5 minutos. Veja a imagem.

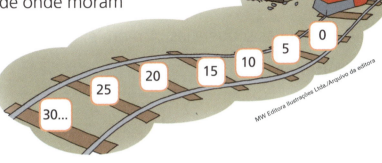

Essa sequência de números (0, 5, 10, 15, 20, 25, 30...) é chamada **sequência dos múltiplos naturais de 5**.

Agora observe:

2 × 5 = 10	3 × 5 = 15
2 × 6 = 12	3 × 6 = 18
2 × 8 = 16	3 × 8 = 24

Os números 10, 12 e 16 são múltiplos de 2.

Os números 15, 18 e 24 são múltiplos de 3.

 O múltiplo de um número natural é o produto da multiplicação desse número por um número natural qualquer.

Obtemos a sequência dos múltiplos de um número multiplicando-o por números naturais. Veja ao lado como achar o conjunto dos múltiplos de 6.

6 × 0 = 0
6 × 1 = 6
6 × 2 = 12
6 × 3 = 18
6 × 4 = 24
6 × 5 = 30

números naturais — sequência dos múltiplos de 6

M (6) = 0, 6, 12, 18, 24, 30...

 A sequência dos múltiplos de um número diferente de zero é infinita, por isso colocamos as reticências (três pontinhos).

Atividades

1) Complete as sequências. A regra é:

múltiplos de 3

3×	0	1	2	3	4	5	6	7	8	9	...
	0	3									...

M (3) = 0, 3, ...

múltiplos de 7

7×	0	1	2	3	4	5	6	7	8	9	...
	0	7									...

M (7) = 0, 7, ...

múltiplos de 15

15×	0	1	2	3	4	5	6	7	8	9	...
	0	15	30								...

M (15) = 0, 15, 30, 45, ...

2) Determine as sequências.

a) Múltiplos de 8 menores que 40: ....

b) Múltiplos de 6 maiores que 12 e menores que 42: ....

c) Múltiplos de 9 compreendidos entre 18 e 63: ....

d) Múltiplos de 4 menores que 28: ....

3) Em uma loja, há várias bicicletas em exposição. Contando todas as rodas das bicicletas, podemos dizer que existem 39 ou 40 rodas? Por quê?

....

Mínimo múltiplo comum

Observe as sequências dos múltiplos de 4, 6 e 8.

> **Múltiplos de 4**: **0**, 4, 8, 12, 16, 20, **24**, 28, 32, 36, 40, 44, **48**…
> **Múltiplos de 6**: **0**, 6, 12, 18, **24**, 30, 36, 42, **48**…
> **Múltiplos de 8**: **0**, 8, 16, **24**, 32, 40, **48**…

Agora veja quais são os múltiplos comuns a esses três números, isto é, aqueles que se encontram entre os múltiplos de 4, de 6 e de 8.

> **Múltiplos comuns de 4, 6 e 8**: 0, 24, 48…

O menor valor diferente de zero que encontramos na sequência dos múltiplos comuns é 24.

Portanto, 24 é o menor múltiplo comum de 4, 6 e 8.

mmc (4, 6, 8) = 24

> A sequência dos múltiplos comuns de dois ou mais números é infinita, por isso não existe o maior múltiplo comum.
> O menor múltiplo comum de dois ou mais números, excluindo-se o zero, é chamado **mínimo múltiplo comum (mmc)**.

Atividades

1) Calcule o mmc. Observe o exemplo:

> mmc (6, 15)
> **múltiplos de 6**: 0, 6, 12, 18, 24, 30, 36, 42, 48, 54, 60...
> **múltiplos de 15**: 0, 15, 30, 45, 60, 75, 90, 105...
> **múltiplos comuns de 6 e 15**: 0, 30, 60...
> mmc (6, 15) = 30

a) mmc (4, 9)

múltiplos de 4: _____

múltiplos de 9: _____

múltiplos comuns de 4 e 9: _____

mmc (4, 9) = _____

b) mmc (4, 8, 12)

múltiplos de 4: _____

múltiplos de 8: _____

múltiplos de 12: _____

múltiplos comuns de 4, 8 e 12: _____

mmc (4, 8, 12) = _____

2) Em uma rodoviária, os ônibus para a cidade **A** partem de 4 em 4 horas; para a cidade **B**, de 3 em 3 horas; e para a cidade **C**, de 2 em 2 horas. No domingo passado, os ônibus para as três cidades partiram juntos às 9 horas. Quantas horas depois os ônibus partirão novamente ao mesmo tempo? A que horas ocorrerá a partida?

Saiba mais

Potenciação também é...

... MULTIPLICAÇÃO.

A PROFESSORA PEDIU QUE DOBRÁSSEMOS UMA FOLHA DE PAPEL SULFITE 4 VEZES AO MEIO.

ELA DISSE QUE ASSIM TERÍAMOS 16 RETÂNGULOS E QUE DEVERÍAMOS PINTAR COM 3 CORES DIFERENTES.

$2 \times 2 \times 2 \times 2 = 16$

É VERDADE! CADA VEZ QUE DOBRAMOS A FOLHA AO MEIO, MULTIPLICAMOS O NÚMERO DE RETÂNGULOS FORMADOS POR 2.

E SE A PROFESSORA PEDISSE QUE DOBRÁSSEMOS A FOLHA 6 VEZES AO MEIO, QUANTOS RETÂNGULOS TERÍAMOS?

FÁCIL! MULTIPLICAMOS 6 VEZES O NÚMERO 2: $2 \times 2 \times 2 \times 2 \times 2 \times 2 = 64$ RETÂNGULOS.

As multiplicações com fatores iguais podem ser representadas por uma operação chamada **potenciação**. Observe:

$2 \times 2 \times 2 \times 2 \times 2 \times 2 = 2^6$

Indica quantas vezes o fator será multiplicado. Recebe o nome de **expoente**.

Fator que se pretende multiplicar. Recebe o nome de **base**.

Lê-se: dois elevado à sexta potência ou dois à sexta.

Atividades

1 Represente as multiplicações na forma de potência.

a) $3 \times 3 \times 3 \times 3 \times 3 =$ ....

b) $5 \times 5 =$ ....

c) $2 \times 2 \times 2 =$ ....

d) $1 \times 1 \times 1 \times 1 \times 1 \times 1 =$ ....

e) $10 \times 10 \times 10 \times 10 =$ ....

f) $0 \times 0 \times 0 \times 0 \times 0 \times 0 \times 0 =$ ....

2 Represente na forma de multiplicação e depois calcule.

a) $4^2 =$ ....

b) $1^{12} =$ ....

c) $3^4 =$ ....

d) $0^4 =$ ....

e) $10^3 =$ ....

f) $7^2 =$ ....

Saiba mais

Ler e escrever potências

VEJA COMO ESCREVEMOS E LEMOS AS POTÊNCIAS:

$4^2 \rightarrow$ QUATRO ELEVADO À SEGUNDA POTÊNCIA OU QUATRO ELEVADO AO QUADRADO.

$5^3 \rightarrow$ CINCO ELEVADO À TERCEIRA POTÊNCIA OU CINCO ELEVADO AO CUBO.

$2^4 \rightarrow$ DOIS ELEVADO À QUARTA POTÊNCIA.

$3^5 \rightarrow$ TRÊS ELEVADO À QUINTA POTÊNCIA.

● Divisão

Para realizar as tarefas de uma gincana escolar, o professor separou os 60 alunos inscritos em 5 equipes. Quantos alunos tinha cada equipe?

Para encontrar a resposta, devemos fazer uma divisão, porque vamos repartir uma quantidade em partes iguais.

Uma das tarefas da gincana será arrumar 160 livros em caixas de 12 livros para serem doadas. Quantas caixas de livros serão doadas?

Para encontrar a resposta, devemos fazer uma divisão, porque queremos calcular quantas vezes uma quantidade cabe em outra quantidade.

```
  1 6 0 | 1 2
− 1 2     1 3
  0 4 0
  − 3 6
    0 4
```

Serão doadas 13 caixas de livros e sobrarão 4 livros.

Quando o resto é diferente de zero, dizemos que a divisão é não exata (inexata).

O sinal da divisão é ÷ ou :, que se lê **dividido por**.

Os termos da divisão são assim denominados:

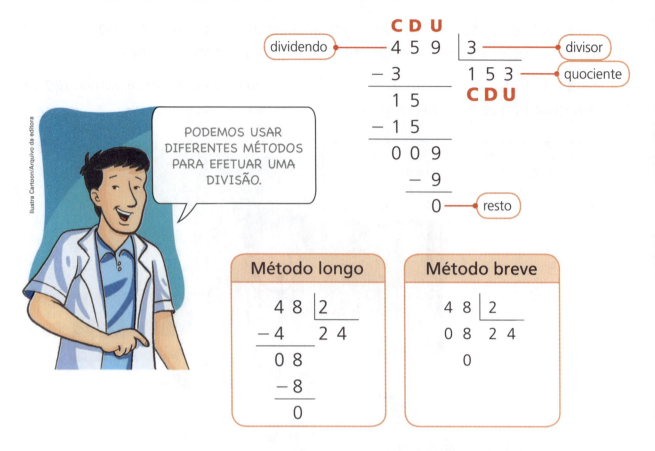

PODEMOS USAR DIFERENTES MÉTODOS PARA EFETUAR UMA DIVISÃO.

● Cálculo mental

Observe como Rodrigo fez a divisão 162 ÷ 6 mentalmente:

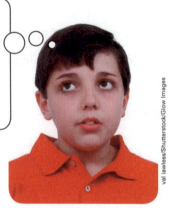

O zero na divisão

Não podemos dividir um número por zero, pois, como já vimos, qualquer número multiplicado por zero dá sempre zero. Assim, o resultado da divisão de zero por qualquer número também é sempre zero.

Exemplos:

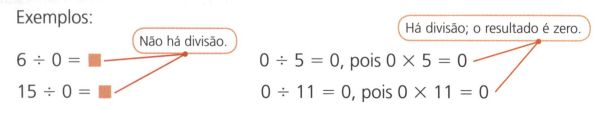

6 ÷ 0 = ■   Não há divisão.

15 ÷ 0 = ■

0 ÷ 5 = 0, pois 0 × 5 = 0   Há divisão; o resultado é zero.

0 ÷ 11 = 0, pois 0 × 11 = 0

Capítulo 6 – Operações com números naturais

Atividades

1 Resolva as divisões.

a) 84 | 6

c) 525 | 5

e) 612 | 6

b) 1751 | 17

d) 2520 | 24

f) 4056 | 13

2 Indique o quociente e o resto em cada item.

Dividendo	Divisor	Quociente	Resto
74	3		
297	4		
3 850	2		
2 431	2		

3 Agora efetue mentalmente e registre apenas os resultados.

a) 80 ÷ 5 =

b) 960 ÷ 30 =

c) 165 ÷ 15 =

d) 288 ÷ 3 =

e) 174 ÷ 6 =

f) 736 ÷ 32 =

4 Escreva **V** (verdadeiro) ou **F** (falso).

a) 7 ÷ 0 = 0 ◯   c) 0 ÷ 9 = 0 ◯   e) 0 ÷ 25 = 0 ◯

b) 156 ÷ 0 = 0 ◯   d) 0 ÷ 8 = 0 ◯   f) 29 ÷ 0 = 0 ◯

5 Faça a estimativa e depois calcule. Veja o exemplo:

1 104 ÷ 48 =

> 1 104 ESTÁ MAIS PRÓXIMO DE 1100, E 48 ESTÁ MAIS PRÓXIMO DE 50.

Estimativa	Cálculo exato
1 100 ÷ 50 = 22	1 1 0 4 ⎢ 4 8
1 104 ÷ 48 é próximo de 22	1 4 4 2 3
	0 0

a) 2 096 ÷ 28 =

Estimativa	Cálculo exato
....	
2 096 ÷ 28 é próximo de	

b) 2 175 ÷ 29 =

Estimativa	Cálculo exato
....	
2 175 ÷ 28 é próximo de	

c) 4 555 ÷ 5 =

Estimativa	Cálculo exato
....	
4 555 ÷ 5 é próximo de	

Ler, refletir e resolver

Faça em seu caderno

1) Alex comprou um fogão por R$ 872,00 e deu R$ 272,00 de entrada. Ele pagará o restante em 3 prestações iguais. Qual é o valor de cada prestação?

2) Com R$ 120,00, Carina comprou uma mochila de R$ 48,00 e 6 cadernos de preços iguais. Quanto custou cada caderno?

3) Carlinhos tinha 80 bolas de gude e seu irmão mais velho tinha o triplo dessa quantidade. Eles juntaram as bolinhas e as distribuíram igualmente em 16 caixas. Quantas bolas de gude eles colocaram em cada caixa?

4) Dona Rita faz salgados para vender. Em cada bandeja ela coloca 18 salgados. Quantas bandejas ela terá com 468 salgados?

5) Complete o diagrama para que todas as operações indicadas fiquem corretas.

4	×		=	64
+		÷		÷
8	×	2	=	
=		=		=
	−		=	

Expressões numéricas: as quatro operações e os sinais de associação

Quando aparecem as quatro operações em uma expressão numérica, resolvemos as operações na seguinte ordem:

> 1º Multiplicações e divisões, de acordo com a ordem em que aparecem.
>
> 2º Adições e subtrações, também na ordem em que aparecem.

Veja estes exemplos:

$$8 + 3 \times 9 - 5 =$$
$$8 + 27 - 5 =$$
$$35 - 5 = 30$$

$$25 + 49 \div 7 - 3 \times 8 =$$
$$25 + 7 - 24 =$$
$$32 - 24 = 8$$

NÃO SE ESQUEÇA!

Nas expressões com sinais de associação, eliminamos esses sinais efetuando as operações na seguinte ordem:
1º – as que estão entre parênteses ( );
2º – as que estão entre colchetes [ ];
3º – as que estão entre chaves { }.

$25 + \{4 \times [9 + (36 \div 6) - 11]\} =$ — Eliminamos os parênteses.

$25 + \{4 \times [9 + 6 - 11]\} =$ — Resolvemos as operações dentro dos colchetes.

$25 + \{4 \times [15 - 11]\} =$ — Eliminamos os colchetes.

$25 + \{4 \times 4\} =$ — Eliminamos as chaves.

$25 + 16 = 41$

Capítulo 6 – Operações com números naturais

Atividade

- Resolva as expressões abaixo.

  a) $36 - 3 \times 9 + 45 \div 5 =$

  b) $90 \div 5 - 3 \times 5 + 31 =$

  c) $25 - 3 \times 6 + 18 \div 6 =$

  d) $9 \times 5 + 63 \div 7 - 3 \times 12 =$

  e) $81 \div 27 + 3 \times 14 - 45 =$

  f) $7 \times 8 - 64 \div 8 + 3 \times 5 =$

  g) $39 \div [5 + (9 - 2 \times 4) + 7] =$

  h) $72 - 5 \times (27 \div 3 - 6) =$

  i) $46 + [5 + (42 \div 6 - 4)] =$

  j) $5 + \{3 + [(7 \times 3) + 4]\} =$

  k) $\{9 + [3 \times (2 + 3) + 2 \times (4 - 4)]\} \div 4 =$

  l) $33 \div \{10 + [6 \div 3 + (1 + 2)] - 4\} =$

● Divisores de um número natural

Observe as divisões a seguir, todas com o número 15 como dividendo.

```
15 | 1      15 | 2      15 | 3      15 | 4      15 | 5
05   15      1    7     05          3    3     03
 0

15 | 6      15 | 7      15 | 8      15 | 9      15 | 10
 3    2      1    2      7    1      6    1     05   1

15 | 11     15 | 12     15 | 13     15 | 14     15 | 15
 04   1      03   1      02   1      01   1     00   1
```

Observe que o número 15 é divisível por **1**, **3**, **5** e **15**, mas não é divisível por 2, 4, 6, 7, 8, 9, 10, 11, 12, 13 e 14.

Dizemos, portanto, que 1, 3, 5 e 15 são **divisores** de 15.

D (15) = {1, 3, 5,15}

> **Divisor de um número** é outro número pelo qual ele pode ser dividido exatamente, ou seja, sem deixar resto.

Usando a multiplicação para encontrar os divisores de um número

Também podemos encontrar os divisores de um número procurando todas as multiplicações de dois fatores que resultem nesse número como produto. Começamos pelo 1 e vamos efetuando os produtos, até que um dos fatores se repita. Por exemplo:

Para encontrarmos os divisores de 30, fazemos:

30 = 1 × 30 = 2 × 15 = 3 × 10 = 5 × 6

A PRÓXIMA MULTIPLICAÇÃO SERIA 6 × 5. MAS COMO OS FATORES SE REPETEM, PARAMOS AQUI.

Portanto, os divisores de 30 são todos os números que encontramos ao efetuar as multiplicações acima.

D (30) = {1, 2, 3, 5, 6, 10, 15, 30}

Atividades

1 Encontre os divisores.

a) 27

27 ÷ .... = 27

27 ÷ .... = 9

27 ÷ .... = 3

27 ÷ .... = 1

D (27) = ...

b) 25

25 ÷ .... = 25

25 ÷ .... = 5

25 ÷ .... = 1

D (25) = ...

2 Observe os conjuntos de divisores da atividade anterior e complete.

a) O número .... é divisor de qualquer número natural.

b) O conjunto de divisores de um número é .... (finito/infinito)

c) O número .... é o menor divisor de um número natural.

d) O .... divisor de um número natural é o próprio número. (menor/maior)

3 Encontre a sequência dos divisores fazendo as multiplicações necessárias.

a) D (8) = ...

b) D (24) = ...

4 Determine os divisores dos números abaixo e escreva o conjunto dos divisores comuns.

D (14) = ...

D (21) = ...

Divisores comuns de 14 e 21 = ...

● Máximo divisor comum

Observe os conjuntos dos divisores dos números 9 e 18:

D (9) = {1, 3, 9}

D (18) = {1, 2, 3, 6, 9, 18}

Os divisores que aparecem nos dois conjuntos são chamados **divisores comuns** de 9 e 18.

D (9) ∩ D (18) = {1, 3, 9}

O elemento de maior valor no conjunto intersecção (divisores comuns) é 9. Portanto, 9 é o maior (máximo) divisor comum de 9 e 18.

O máximo divisor comum é indicado assim:

mdc (9, 18) = 9

> **Máximo divisor comum (mdc)** de dois ou mais números naturais diferentes de zero é o maior dos divisores comuns desses números.

Cálculo do máximo divisor comum

Processo das divisões sucessivas – algoritmo de Euclides

> 1º Para determinar o mdc de dois ou mais números, divide-se o maior pelo menor. Se a divisão for exata, ou seja, se não houver resto, o mdc será o menor dos dois números.
>
> 2º Se houver resto, divide-se o número menor pelo resto, e assim sucessivamente, até chegar a uma divisão exata. O mdc será o último divisor.

Vamos calcular o mdc dos números 50 e 15 usando o algoritmo de Euclides:

50	15	

DESENHAMOS UM DIAGRAMA E ESCREVEMOS OS NÚMEROS: PRIMEIRO O MAIOR (50) E AO LADO O MENOR (15).

	3	
50	15	

AO DIVIDIR 50 POR 15, O QUOCIENTE É 3...

	3	
50	15	
5		

... E O RESTO É 5.

	3	
50	15	5
5		

ESCREVEMOS O RESTO 5 AO LADO DO 15 PARA EFETUARMOS A OUTRA DIVISÃO → 15 ÷ 5.

	3	3
50	15	5
5		

AO DIVIDIR 15 POR 5, O QUOCIENTE É 3...

	3	3
50	15	**5**
5	0	

... E O RESTO É 0. ISSO SIGNIFICA QUE 5 É O MÁXIMO DIVISOR COMUM DE 50 E 15.

Saiba mais

Cálculo do mdc

Para calcular o mdc de mais de dois números, primeiro se determina o mdc de dois deles. Depois, calcula-se o mdc desse resultado e do terceiro número, e assim sucessivamente.

Veja como calcular o mdc de 12, 30 e 45.

	2	2
30	12	**6**
6	0	

INICIALMENTE, CALCULAMOS O MDC DE 12 E 30.

	7	2
45	**6**	**3**
3	0	

DEPOIS, CALCULAMOS O MDC DE 6 E 45. ASSIM CHEGAMOS AO RESULTADO: MDC (12, 30, 45) = 3.

Atividade

- Determine o mdc dos números:

a) mdc (32, 4)

b) mdc (40, 15)

c) mdc (96, 9)

d) mdc (246, 18)

e) mdc (17, 12)

f) mdc (140, 8)

g) mdc (108, 46)

h) mdc (969, 192)

● Critérios de divisibilidade

Um número é divisível por outro se o resto da divisão dele por esse outro número for zero.

É possível saber se um número é divisível por outro sem efetuarmos uma operação de divisão.

Divisibilidade por 2

Os múltiplos de 2 são os números divisíveis por 2.

M (2): 0, 2, 4, 6, 8, 10, 12, 14, 16, 18, 20, 22, 24, 26, 28, 30…

Todos os múltiplos de 2 são números pares.

> Um número é divisível por 2 quando é par, ou seja, quando termina em 0, 2, 4, 6 ou 8.

Divisibilidade por 3

Os múltiplos de 3 são os números divisíveis por 3.

M (3): 0, 3, 6, 9, 12, 15, 18, 21, 24, 27, 30, 33, 36, 39, 42, 45…

Ao somar os valores absolutos dos algarismos de um múltiplo de 3, também se obtém um múltiplo desse número. Observe:

48 → 4 + 8 = 12 — 12 é múltiplo de 3
54 → 5 + 4 = 9 — 9 é múltiplo de 3

> Um número é divisível por 3 quando a soma dos valores absolutos de seus algarismos for divisível por 3.

Divisibilidade por 5

Os múltiplos de 5 são os números divisíveis por 5.

M (5): 0, 5, 10, 15, 20, 25, 30, 35, 40, 45, 50, 55, 60, 65…

Em todos os múltiplos de 5, o algarismo das unidades é 0 ou 5.

> Um número é divisível por 5 quando ele termina em 0 ou 5.

Divisibilidade por 6

Os múltiplos de 6 são os números divisíveis por 6.

M (6): 0, 6, 12, 18, 24, 30, 36, 42, 48, 54, 60, 66, 72, 78...

Todos os múltiplos de 6 são pares. E em todos a soma dos valores absolutos dos algarismos é um múltiplo de 3, ou seja, todos os múltiplos de 6 são divisíveis por 2 e por 3.

Um número é divisível por 6 quando é, ao mesmo tempo, divisível por 2 e por 3.

Divisibilidade por 9

Os múltiplos de 9 são os números divisíveis por 9.

M (9): 0, 9, 18, 27, 36, 45, 54, 63, 72, 81, 90, 99, 108, 117...

Observe:

117 → 1 + 1 + 7 = 9 — 9 é múltiplo de 9

963 → 9 + 6 + 3 = 18 — 18 é múltiplo de 9

Um número é divisível por 9 quando a soma dos valores absolutos de seus algarismos for divisível por 9.

Divisibilidade por 10

Os múltiplos de 10 são os números divisíveis por 10.

M (10): 0, 10, 20, 30, 40, 50, 60, 70, 80, 90, 100, 110, 120...

Em todos os múltiplos de 10 o algarismo das unidades é 0.

Um número é divisível por 10 quando termina em 0.

1 Sem efetuar as divisões, circule os números divisíveis:

a) por 2 ⟶ 81, 92, 106, 233, 317, 494

b) por 3 ⟶ 81, 103, 126, 209, 300, 363, 426

c) por 5 ⟶ 77, 80, 105, 106, 210, 351, 405

d) por 6 ⟶ 69, 72, 96, 281, 312, 582

e) por 9 ⟶ 79, 108, 209, 270, 594, 620

f) por 10 ⟶ 67, 70, 98, 100, 220, 378

2 Pinte de acordo com a legenda.

divisível por 3   divisível por 9   divisível por 5

 42
 8
 12
 20
 3

 9
 18
 5
 45
 11

 60
 30
 24
 22
 33

 6
 7
 1
 4
 25

Números primos

Observe os divisores destes números:

D (1) = {1}   D (5) = {1, 5}   D (8) = {1, 2, 4, 8}
D (2) = {1, 2}   D (6) = {1, 2, 3, 6}   D (9) = {1, 3, 9}
D (3) = {1, 3}   D (7) = {1, 7}   D (10) = {1, 2, 5, 10}
D (4) = {1, 2, 4}

- Os números 2, 3, 5 e 7 só têm dois divisores: eles mesmos e a unidade. Eles são chamados **números primos**.
- Os números 4, 6, 8, 9 e 10 possuem mais de dois divisores. Eles são chamados **números compostos**.
- O número 1 tem um só divisor, portanto não é primo nem composto.

> Um número é primo quando possui apenas dois divisores: o 1 e ele mesmo.

Decomposição em fatores primos

Observe a decomposição do número 30 em um produto (ou multiplicação) de fatores primos.

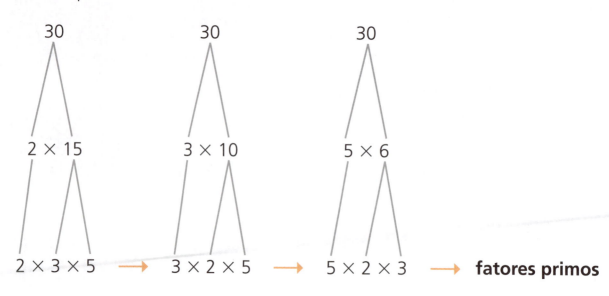

$$30 = 2 \times 3 \times 5 = 3 \times 2 \times 5 = 5 \times 2 \times 3$$

Se trocarmos a ordem dos fatores, o produto não se altera. Isso mostra que a decomposição de um número em fatores primos é única.

Atividades

1 Pinte os quadrinhos que tenham números divisíveis por 2, por 3, por 5 ou por 7. Depois complete as frases.

41	42	43	44	45	46	47	48	49	50
51	52	53	54	55	56	57	58	59	60
61	62	63	64	65	66	67	68	69	70

a) Os quadrinhos que não foram pintados contêm ....

b) Os números primos compreendidos entre 40 e 50 são ....

c) Os números primos compreendidos entre 50 e 70 são ....

2 Encontre os divisores dos números a seguir. Depois indique se o número é primo (**P**) ou composto (**C**).

a) 27 é divisível por .... ○

b) 23 é divisível por .... ○

c) 30 é divisível por .... ○

d) 29 é divisível por .... ○

3 Pinte a trilha dos números primos para levar o canguru até a mãe dele.

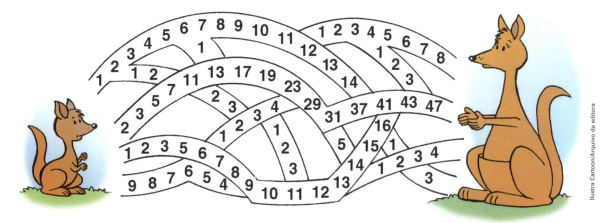

Processo de decomposição ou fatoração

Para determinar os fatores primos que entram na composição de um número, efetua-se uma decomposição ou fatoração.

Veja como é esse processo.

Vamos usar como exemplo o número 30:

1º Escrever o número **30** à esquerda de uma barra vertical.

$$30 \mid$$

2º Dividir o número **30** pelo seu menor divisor primo, **2**, que deve ser escrito à direita da barra.

$$30 \mid 2$$

3º Abaixo do número dado, escrever o quociente, **15**, da divisão **30 ÷ 2** e dividi-lo também por seu menor divisor primo, **3**.

quociente de 30 ÷ 2 ⟶ $\begin{array}{c|c} 30 & 2 \\ 15 & 3 \end{array}$ ⟵ menor divisor primo de 15

4º Repetir o processo até que o quociente seja 1.

quociente de 15 ÷ 3 ⟶ $\begin{array}{c|c} 30 & 2 \\ 15 & 3 \\ 5 & 5 \\ 1 & \end{array}$ ⟵ menor divisor primo de 5

quociente de 5 ÷ 5 ⟶

Os fatores primos serão os números encontrados à direita da barra vertical. No caso:

$$30 = 2 \times 3 \times 5$$

Atividades

1 Continue decompondo até obter somente fatores primos.

a)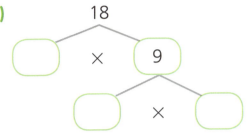

18 = ...

b)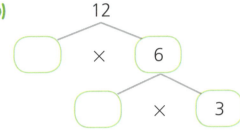

12 = ...

2 Decomponha os números em fatores primos pelo processo da fatoração (barra vertical).

a) 8

8 = ...

b) 24

24 = ...

c) 60

60 = ...

d) 125

125 = ...

3 Descubra qual é o número natural cujos fatores primos são:

a) 2, 3, 5, 7 ⟶ ....

b) 2, 2, 2, 3, 3 ⟶ ....

c) 2, 2, 5, 5 ⟶ ....

d) 2, 2, 3, 3 ⟶ ....

Números primos entre si

QUANDO DOIS NÚMEROS TÊM COMO DIVISOR COMUM APENAS O NÚMERO 1, ELES SÃO PRIMOS ENTRE SI.

Vamos determinar os divisores comuns dos números 20 e 27.

D (20) = 1, 2, 4, 5, 10, 20

D (27) = 1, 3, 9, 27

Divisor comum de 20 e 27 ⟶ 1

20 e 27 **são primos entre si**.

Cálculo do mmc pela decomposição simultânea

É possível determinar o mínimo múltiplo comum de dois ou mais números por meio da decomposição simultânea desses números em fatores primos.

Vamos calcular o mínimo múltiplo comum dos números 20 e 14.

Fazendo a decomposição simultânea, temos:

20	14	2	⟶	$20 \div 2 = 10$ e $14 \div 2 = 7$
10	7	2	⟶	$10 \div 2 = 5$ e 7 não é divisível por 2.
5	7	5	⟶	$5 \div 5 = 1$ e 7 não é divisível por 5.
1	7	7	⟶	$7 \div 7 = 1$
	1			

fatores primos

O mínimo múltiplo comum (mmc) é igual ao produto desses fatores.

mmc (20, 14) = 2 × 2 × 5 × 7

mmc (20, 14) = 140

PARA ENCONTRAR O MMC, DECOMPONHA AO MESMO TEMPO OS NÚMEROS DADOS E MULTIPLIQUE OS FATORES PRIMOS ENCONTRADOS.

Atividades

1) Determine o mmc pelo processo da decomposição simultânea.

a) mmc (5, 21, 30)

c) mmc (9, 18, 36)

b) mmc (6, 20)

d) mmc (8, 12)

2) Faça os cálculos no caderno e encontre o mmc.

a) mmc (4, 12) = ...

d) mmc (7, 14, 21) = ...

b) mmc (5, 9, 10) = ...

e) mmc (6, 5, 8) = ...

c) mmc (3, 4) = ...

f) mmc (3, 5, 7) = ...

3 Paulo e Eduardo são motoristas de uma empresa de viagens. O ônibus de Paulo sai da cidade a cada 4 dias e o de Eduardo, a cada 3 dias. No dia 3 do mês passado, Eduardo partiu para mais uma viagem e Paulo foi no dia seguinte.

a) Complete os dias das saídas de Paulo e Eduardo naquele mês.

Paulo ⟶ ....

Eduardo ⟶ ....

b) Agora marque no calendário os dias em que a saída dos dois coincide.

4 Determine os divisores dos números e escreva se eles são ou não primos entre si.

a) 15 e 40

D (15) = ...

D (40) = ...

Divisores comuns de 15 e 40 ⟶ ....

15 e 40 .... primos entre si.

b) 9 e 16

D (9) = ...

D (16) = ...

Divisores comuns de 9 e 16 ⟶ ....

9 e 16 .... primos entre si.

Saiba mais

Cálculo do mdc e do mmc pela decomposição em fatores primos

- Vamos calcular o mdc de 60 e 72.

Decompomos os números em fatores primos:

60	2
30	2
15	3
5	5
1	

72	2
36	2
18	2
9	3
3	3
1	

$60 = 2 \times 2 \times 3 \times 5$ $72 = 2 \times 2 \times 2 \times 3 \times 3$

Escrevemos essas multiplicações em forma de potenciações:

$60 = 2^2 \times 3 \times 5$

$72 = 2^3 \times 3^2$

Verificamos quais fatores primos comuns têm menores expoentes e os multiplicamos para achar o mdc dos dois números, ou seja:

mdc $(60, 72) = 2^2 \times 3 = 4 \times 3 = 12$

- Vamos determinar agora o mmc de 30 e 40.

Decompomos os números em fatores primos:

30	2
15	3
5	5
1	

40	2
20	2
10	2
5	5
1	

$30 = 2 \times 3 \times 5$ $40 = 2 \times 2 \times 2 \times 5 = 2^3 \times 5$

Verificamos quais fatores primos comuns e não comuns têm o maior expoente e os multiplicamos para encontrar o mmc, ou seja:

mmc $(30, 40) = 2^3 \times 3 \times 5 = 8 \times 3 \times 5 = 120$

O tema é... Dengue

A dengue é originada por um vírus transmitido ao ser humano pela picada de um mosquito.

A primeira transmissão acontece quando a fêmea do mosquito pica uma pessoa com o vírus, infectando-se. Ao picar outra pessoa, o inseto injeta nela o vírus.

O mosquito que transmite a dengue é chamado *Aedes aegypti*. Podemos prevenir a dengue combatendo o mosquito transmissor.

Mosquito *Aedes aegypti*, transmissor da dengue.

O mosquito da dengue coloca seus ovos em recipientes com água acumulada, que podem se transformar em criadouro do mosquito:
- Pratinhos de vasos de plantas ou xaxins dentro e fora de casa
- Bromélias ou outras plantas que possam acumular água
- Lixeiras dentro e fora de casa
- Tampinhas de garrafa, casca de ovo, latinhas, saquinhos plásticos de cigarros, embalagens plásticas e de vidro, copos descartáveis ou qualquer outro objeto que possa acumular água
- Vasilhame para água de animais domésticos
- Vasos sanitários
- Ralos de cozinha, de banheiro, de sauna e de ducha
- Bandeja externa de geladeira
- Suporte de garrafões de água mineral
- Lagos, cascatas, espelhos de água decorativos
- Tonéis e depósitos de água
- Entulhos e lixos
- Piscinas
- Calhas de água da chuva
- Lajes
- Cacos de vidro nos muros
- Pneus velhos
- Garrafas de vidro ou PET, baldes, vasos de plantas

Texto disponível em: <www.ibge.gov.br/home/images/dengue2.swf>. Acesso em: 18 out. 2014.

👥 Em grupos de 4 ou 5 participantes, promovam uma pesquisa, visitando casas de parentes ou amigos e verificando as informações abaixo. Não se esqueçam de registrá-las!

- Casas pesquisadas
- Quantidade de focos de proliferação de insetos transmissores da dengue em cada casa
- Número de focos onde foram encontradas larvas do inseto
- Número de pessoas que estão ou já foram infectadas em cada residência

Em uma folha avulsa, elaborem um quadro com os dados que vocês obtiveram.

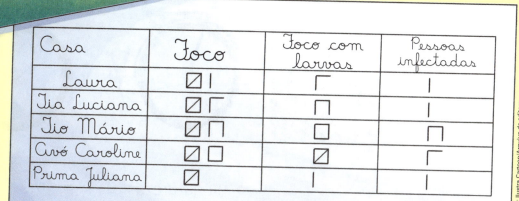

Façam um gráfico de colunas para expressar o número de focos do mosquito encontrado em cada residência. Observe o exemplo:

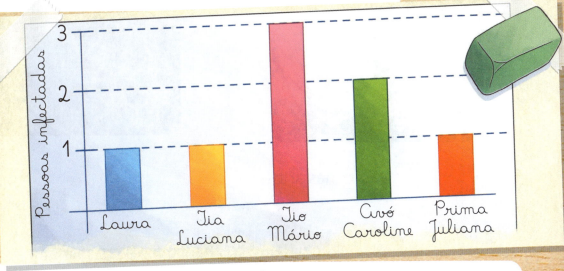

Compartilhem com toda a turma a pesquisa do seu grupo e as conclusões.

- Entre os itens pesquisados, qual causa maior preocupação?
- O que os moradores poderiam fazer para diminuir os focos de proliferação do mosquito da dengue?
- O quadro e o gráfico ajudam a perceber em quais residências o problema é mais sério? Como?

Capítulo 7 — Figuras geométricas

As figuras geométricas estão presentes no dia a dia:

- nas construções

- nos meios de transporte

- nos esportes

- na natureza

- nas artes

Tinta acrílica sobre tela, 150 cm x 214 cm.

O pouso do pássaro, de Claudio Tozzi, 1987.

Ideia de ângulo

A ideia de ângulo pode ser observada na natureza e nos objetos produzidos pelo ser humano.

Veja um exemplo de ângulo a partir do cruzamento das retas $\overleftrightarrow{PQ}$ e $\overleftrightarrow{RS}$:

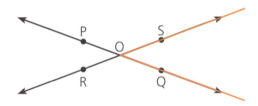

Considerando as semirreta $\overrightarrow{OS}$ e $\overrightarrow{OQ}$, observamos que elas têm a mesma origem **O**. Essas duas semirretas formam um ângulo.

> A figura formada por duas semirretas que têm a mesma origem chama-se **ângulo**.

Esse ângulo é indicado da seguinte forma:

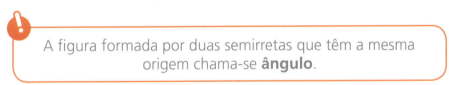

SÔQ — Lê-se: ângulo SOQ.

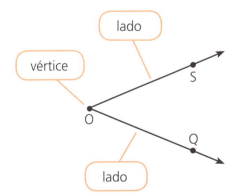

A origem **O** das semirretas chama-se **vértice** do ângulo.

As semirretas $\overrightarrow{OS}$ e $\overrightarrow{OQ}$ são os **lados** do ângulo.

● Medida de ângulo

Para sabermos a medida de um ângulo, medimos sua abertura.

O instrumento utilizado para medir ângulos é o transferidor. A unidade de medida de ângulo é o grau, cujo símbolo é (°). A medida do ângulo SÔQ é 30°.

Indica-se a medida assim:

$$m(SÔQ) = 30°$$

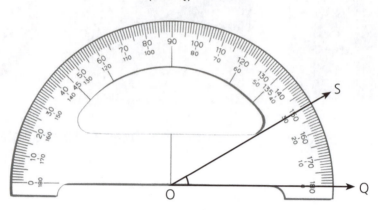

● Tipos de ângulo

De acordo com suas medidas, os ângulos podem ser classificados em:

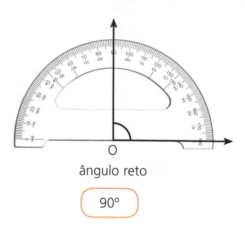

ângulo reto

90°

ângulo agudo

menor que 90°

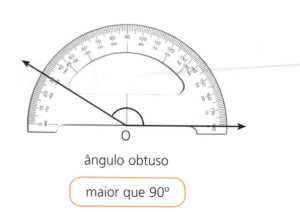

ângulo obtuso

maior que 90°

Atividades

1 Utilizando o transferidor, meça os ângulos e classifique-os como reto, agudo ou obtuso.

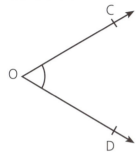   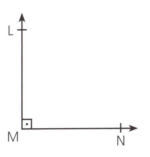   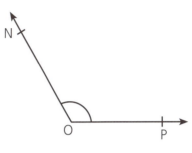

m (CÔD) = _____   m (LM̂N) = _____   m (NÔP) = _____

ângulo _____   ângulo _____   ângulo _____

2 Observe os ângulos e complete:

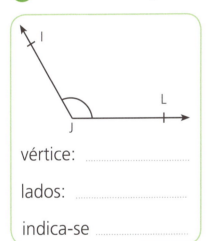   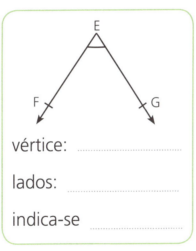   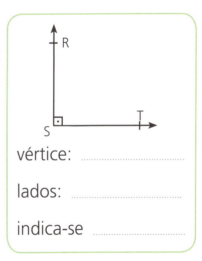

vértice: _____   vértice: _____   vértice: _____

lados: _____   lados: _____   lados: _____

indica-se _____   indica-se _____   indica-se _____

3 Observe os ângulos e classifique-os em agudo, obtuso ou reto.

_____   _____   _____

4 Observe as manobras que Pedro fez com seu *skate*.

Na primeira manobra, Pedro deu um giro de uma volta (360°).

Ângulo de 1 volta = 360°.

Na segunda, Pedro girou meia volta, isto é, 180°.

Ângulo de $\frac{1}{2}$ volta = 180°.

Na terceira, Pedro deu apenas $\frac{1}{4}$ de volta.

Ângulo de $\frac{1}{4}$ de volta = 90°.

○ Agora observe o ponteiro grande (minutos) do relógio e responda:

a) Qual é o giro (ângulo) que ele dá em 15 minutos?

....

b) E em meia hora, qual é o giro?

....

c) Qual é o giro que ele dá em 1 hora?

....

5 Qual foi o brinquedo escolhido por Júlio?

- Júlio, que está no centro da praça, girou $\frac{1}{2}$ volta para a direita e correu para o ....

6 Siga os comandos para traçar o caminho feito pela menina.

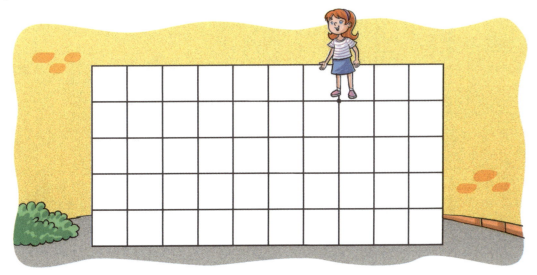

- Avance a menina 2 quadrados para a frente e gire $\frac{1}{4}$ de volta para a direita.
- Avance 3 quadrados e gire $\frac{1}{4}$ de volta para a esquerda.
- Avance 2 quadrados.

Matemática e diversão

Traçando caminhos

Junte-se a um colega para fazer a atividade.

Cada um cria uma sequência de comandos para traçar um caminho na malha quadriculada.

....

....

....

....

Em seguida, vocês trocam de livro e cada um traça o caminho de acordo com o comando.

Agora, é só conferir quem acertou!

Capítulo 7 – Figuras geométricas

● Polígonos

Polígono é uma figura plana formada pelo mesmo número de ângulos e lados.

Veja esta pintura na parede externa de um prédio. Ela apresenta vários polígonos.

✱ Painel para edifício, de Claudio Tozzi, 2002. São Paulo (SP).

Os polígonos são formados por segmentos de retas. De acordo com o número de lados, os polígonos recebem nomes diferentes:

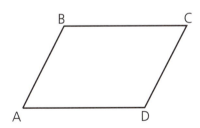

$\overline{AB}$, $\overline{BC}$, $\overline{CD}$ e $\overline{DA}$ são os lados.

A, **B**, **C** e **D** são os vértices.

3 lados: **triângulo**		7 lados: **heptágono**	
4 lados: **quadrilátero**		8 lados: **octógono**	
5 lados: **pentágono**		9 lados: **eneágono**	
6 lados: **hexágono**		10 lados: **decágono**	

Atividades

1 Observe os polígonos e complete.

.... lados   .... lados   .... lados
.... ângulos   .... ângulos   .... ângulos
.... vértices   .... vértices   .... vértices

○ Continue completando.

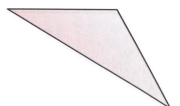  

.... lados   .... lados   .... lados
.... ângulos   .... ângulos   .... ângulos
.... vértices   .... vértices   .... vértices

2 Escreva o nome do polígono que os objetos abaixo apresentam.

a)    b)    c)    d)

Capítulo 7 – Figuras geométricas

Triângulos

Podemos definir triângulo como um polígono que tem três lados, três ângulos e três vértices. Veja o triângulo ABC:

- $\overline{AB}$, $\overline{BC}$ e $\overline{CA}$ são os lados do triângulo ABC.
- Os pontos **A**, **B** e **C** são os vértices.
- AB̂C, BĈA e CÂB são os ângulos.

Classificação dos triângulos

Os triângulos podem ser classificados de acordo com as medidas de seus lados:

Equilátero: tem os três lados com medidas iguais.

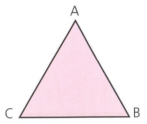

Isósceles: tem dois lados com medidas iguais.

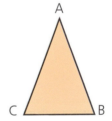

Escaleno: tem os três lados com medidas diferentes.

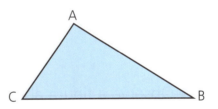

Os triângulos também podem ser classificados de acordo com as medidas de seus ângulos:

retângulo   acutângulo   obtusângulo

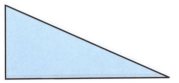   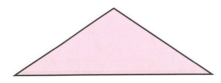

Tem um ângulo reto.   Tem três ângulos agudos.   Tem um ângulo obtuso.

Atividades

1 Com a régua, meça os lados dos triângulos e classifique-os em equilátero, isósceles ou escaleno.

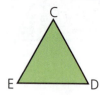 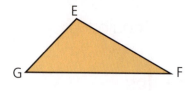 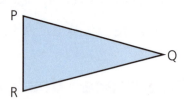

$\overline{CE}$ = _____ cm $\overline{EF}$ = _____ cm $\overline{PQ}$ = _____ cm

$\overline{CD}$ = _____ cm $\overline{GF}$ = _____ cm $\overline{RQ}$ = _____ cm

$\overline{DE}$ = _____ cm $\overline{GE}$ = _____ cm $\overline{PR}$ = _____ cm

CDE é _____.   EFG é _____.   PQR é _____.

2 Classifique os triângulos quanto aos ângulos e quanto aos lados.

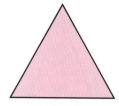 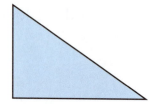 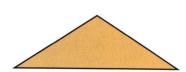

_____   _____   _____

_____   _____   _____

3 Observe a figura abaixo e indique quantos triângulos há nela.

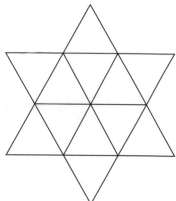

Resposta: _____.

Capítulo 7 – Figuras geométricas

● Quadriláteros

Quadriláteros são polígonos que têm quatro lados, quatro ângulos, quatro vértices e duas diagonais.

Observe o quadrilátero ABCD:

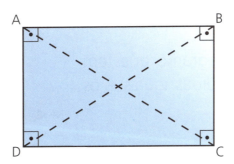

- $\overline{AB}$, $\overline{BC}$, $\overline{CD}$ e $\overline{DA}$ são os lados do quadrilátero.
- Os pontos **A**, **B**, **C** e **D** são os vértices.
- AB̂C, BĈD, CD̂A e DÂB são os ângulos internos do quadrilátero.
- $\overline{AC}$ e $\overline{BD}$ são as diagonais.

Diagonal é a linha que une dois vértices opostos: $\overline{AC}$ e $\overline{BD}$.

Classificação dos quadriláteros

Paralelogramo é o quadrilátero que tem os lados opostos paralelos.

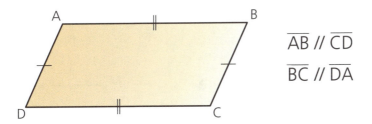

$\overline{AB}\ //\ \overline{CD}$

$\overline{BC}\ //\ \overline{DA}$

Os paralelogramos recebem nomes especiais: retângulo, quadrado e losango.

Retângulo é o paralelogramo que tem os lados opostos com medidas iguais e quatro ângulos retos.

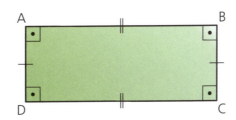

Quadrado é o paralelogramo que tem os quatro lados com medidas iguais e quatro ângulos retos.

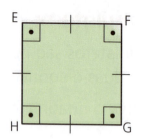

Losango é o paralelogramo que tem os quatro lados com medidas iguais e os ângulos opostos iguais.

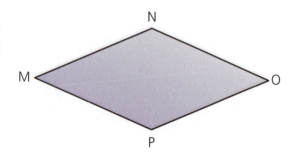

Trapézio é o quadrilátero que tem apenas dois lados opostos paralelos. O trapézio pode ser: retângulo, isósceles ou escaleno.

Trapézio retângulo: tem dois ângulos retos.

$\overline{AB} \parallel \overline{CD}$

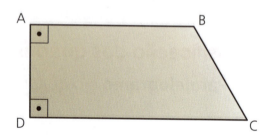

Trapézio isósceles: os lados não paralelos têm medidas iguais.

$\overline{MN} \parallel \overline{OP}$

med ($\overline{NO}$) = med ($\overline{MP}$)

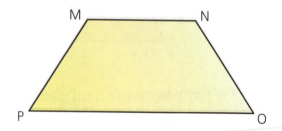

Trapézio escaleno: os quatro lados são diferentes.

$\overline{EF} \parallel \overline{GH}$

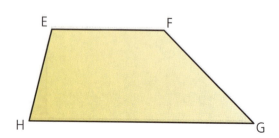

Capítulo 7 – Figuras geométricas

Atividades

1 Identifique os paralelogramos com a letra **P** e os trapézios com a letra **T**.

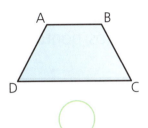
○

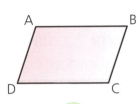
○

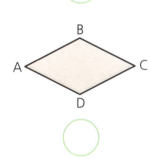
○

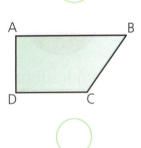
○

2 Escreva o nome de cada quadrilátero.

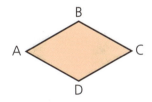

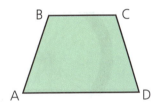

....

....

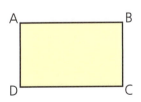

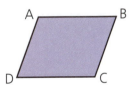

....

....

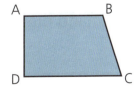

....

....

Circunferência e círculo

Observe as figuras. Elas são circunferências:

Circunferência é uma linha plana fechada cujos pontos estão à mesma distância de um ponto interior chamado **centro**.

Estas figuras são círculos:

Círculo é uma figura formada pela circunferência e sua região interior.

Observe na bicicleta as hastes que prendem o aro da roda ao eixo. Elas são chamadas **raio**.

Qualquer segmento de reta que vai do centro até a circunferência é chamado **raio**.

Qualquer segmento de reta que liga dois pontos da circunferência e passa pelo centro é chamado **diâmetro**.

Compasso

O compasso é um instrumento usado para traçar circunferências ou medir ângulos. Veja como utilizar um compasso:

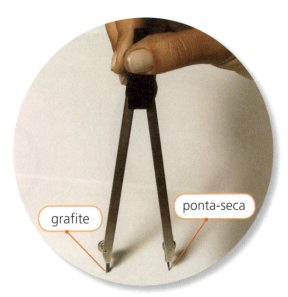

grafite — ponta-seca

- Deixe a ponta-seca e o grafite na mesma altura.

- Apoie a ponta-seca no papel e afaste o grafite até a abertura desejada.

- Gire o compasso devagar, segurando na parte superior, e trace uma circunferência.

Fotos: Rubens Chaves

Atividades

1 Que ideia nos dão as figuras abaixo: de circunferência ou de círculo? Escreva.

....

2 Observe os elementos assinalados na circunferência e ligue corretamente.

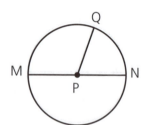

- P
- PQ
- MN

- diâmetro
- centro
- raio

3 Para traçar uma circunferência, marque um ponto no espaço abaixo.

- Abra o compasso com raio igual a 2 cm.
- Apoie a ponta-seca no ponto marcado.
- Gire o compasso devagar até fechar a curva.

Capítulo 7 – Figuras geométricas

4 Observe que a pintura ao lado é formada por várias figuras geométricas. Tente identificá-las.

....

....

....

....

Mechano-Faktura, de Henryk Berlevi, 1924.

● Matemática e diversão

Os anéis olímpicos

Com a ideia de criar um símbolo que resumisse o espírito olímpico de união e interação entre os povos, o organizador das olimpíadas modernas, barão de Coubertin, idealizou a figura dos anéis olímpicos.

Significado dos anéis olímpicos

Os cinco círculos representam os continentes:

– azul, Europa;

– amarelo, Ásia;

– preto, África;

– verde, Oceania;

– vermelho, América.

O entrelaçamento dos anéis representa a união amistosa e pacífica das nações.

Com as cinco cores podem ser compostas todas as bandeiras do mundo. Ao criar o símbolo dos jogos, as cidades devem usar os anéis misturados a outros elementos.

Disponível em: <www.olimpiadas.etc.br/print/79>. Acesso em: 2 out. 2014.

○ Que tal você criar, usando os cinco círculos, um símbolo para representar a sua turma do 5º ano?

● Simetria

Observe as figuras:

Ao dobrar cada uma das figuras pela linha tracejada vermelha, observa-se que as duas partes se sobrepõem.

Dizemos, em Geometria, que a linha tracejada é **o eixo de simetria** e que as duas partes de cada figura são **simétricas**.

● Figuras com mais de um eixo de simetria

Observe as figuras:

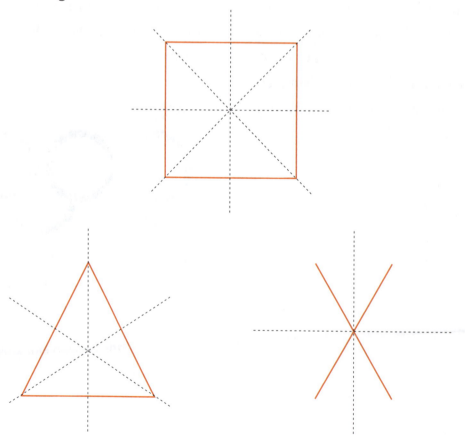

Como se pode ver, algumas figuras possuem mais de um eixo de simetria.

Atividades

1 Observe cada figura e escreva se ela é ou não simétrica em relação ao eixo traçado.

2 Trace os eixos de simetria de cada uma das figuras abaixo, quando possível.

3 Escreva seu nome usando letras de fôrma maiúsculas e, quando for possível, trace o eixo de simetria de cada uma.

4 Em 2000, a Organização das Nações Unidas (ONU) estudou os maiores problemas mundiais e estabeleceu os oito objetivos do milênio.

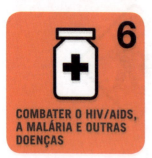

- Observe as figuras acima e, traçando um eixo vertical, escreva em quais delas há simetria.

....

5 Dobrando e recortando papel, Rafael criou a máscara simétrica ao lado.

- Crie, você também, uma máscara simétrica.

   Recorte um quadrado aproveitando folhas de jornal ou de revistas, depois dobre e recorte a folha como quiser. Não se esqueça de estabelecer o eixo de simetria e de enfeitar sua máscara!

   Apresente-a aos colegas e escreva um pequeno texto sobre ela.

Matemática e diversão

Eixo de simetria

 Com os colegas, repita estes versos com bastante ritmo:

> **Quatro quadros**
>
> – EI!
> – Quê?
> – Eu quero!
> – Quer o quê?
> – Quero quadros!
> – Quer que quadros?
> – Quero quadros no quarto!
> – Que quadros quer no quarto?
> – Quero quadros quadrados no quarto!
> – Quantos quadros quadrados pro quarto?
> – Quero quatro quadros quadrados no quarto!
> – Quando quer os quatro quadros quadrados no quarto?
> – Quanto antes eu quero os quatro quadros quadrados no quarto!
> – Onde quer os quatro quadros quadrados colocados no quarto?
> – Quero os quatro quadros quadrados, é claro, nos quatro cantos do quarto!
>
> **Trava-trela**, de Ciça. Rio de Janeiro: Nova Fronteira, 2009. p. 16.

a) Quantos versos há nesse poema? ....

b) Quantas palavras há no primeiro verso? ....

c) E no último? ....

d) Essa disposição dos versos forma uma figura. Que figura é essa?

....

e) Qual é a forma dos quadros que se quer no quarto? ....

Ideias em ação

Polígonos

● **Tangram e o jogo de xadrez**

Material necessário

- 2 folhas do **Caderno de ideias em ação**
- lápis
- régua
- tesoura sem pontas
- cola
- transferidor

Nesta Unidade você estudou os polígonos. Agora você vai confeccionar peças do jogo de xadrez a partir do quebra-cabeça tangram.

Comece recortando as peças do tangram com as mesmas formas da figura abaixo.

Use a folha preta do **Caderno de ideias em ação**.

Siga as seguintes etapas para construir o tangram:

- Desenhe o quadrado e suas peças usando a régua e o transferidor para construir o ângulo reto. Siga as formas da figura.

- Recorte as sete peças.

Com as sete figuras do tangram você vai construir uma das peças do jogo de xadrez.

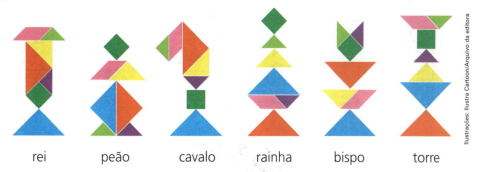

rei   peão   cavalo   rainha   bispo   torre

Atenção! Essas figuras estão reduzidas; não têm as mesmas dimensões das que você recortou.

Construa um retângulo com a folha branca do **Caderno de ideias em ação**. Cole sua peça sobre o quadrado.

Exponha sua peça para os colegas.

Conversem sobre as formas e as dimensões das sete peças do tangram.

Xadrez é um jogo de tabuleiro com 64 casas brancas e pretas, em que participam 2 jogadores.

Cada jogador precisa de 16 peças:

- 1 rei
- 1 dama ou rainha
- 2 bispos
- 2 cavalos
- 2 torres
- 8 peões

Se você quiser jogar com os colegas, organizem-se para confeccionar o tabuleiro e as peças necessárias.

Cada jogador deve escolher uma cor para seu conjunto de peças para que elas não se misturem durante o jogo.

Pesquisem as regras e divirtam-se!

Capítulo 8 — Sentenças matemáticas

Cinco mais três é igual a oito.

$5 + 3 = 8$

Sete menos três é igual a quatro.

$7 - 3 = 4$

Oito mais dois é menor que onze.

$8 + 2 < 11$

Um número mais sete é igual a dez.

$\blacksquare + 7 = 10$

● Expressão com valor desconhecido

DANIEL É ÓTIMO NA RESOLUÇÃO DE PROBLEMAS. VOCÊ SABERIA EXPLICAR COMO ELE FEZ?

$\blacksquare + 7 = 12$
$\blacksquare = 12 - 7$
$\blacksquare = 5$

$\blacksquare - 13 = 9$
$\blacksquare = 9 + 13$
$\blacksquare = 22$

$\blacksquare \times 5 = 20$
$\blacksquare = 20 \div 5$
$\blacksquare = 4$

$\blacksquare \div 3 = 8$
$\blacksquare = 8 \times 3$
$\blacksquare = 24$

Veja agora como Daniel resolveu o problema a seguir.

Qual é o número que somado a 8 é igual a 12?

- Ele leu o problema com atenção e passou os dados para a linguagem matemática, isto é, montou a sentença matemática.

NÚMERO DESCONHECIDO	SOMADO		É IGUAL	
■	+	8	=	12

- Aplicou a operação inversa.

■ = 12 − 8

■ = 4

O número é 4.

● Expressão com mais de um valor desconhecido

A soma de dois números é 72. O número maior é o dobro do menor. Quais são esses números?

número menor ●——— ■   2 × ■ ———● número maior

Sentença matemática:

■ + 2 × ■ = 72

■ + 2 ■ = 72

3 ■ = 72

■ = 72 ÷ 3

■ = 24

■ = 24 ——— número menor

2 × ■ → 2 × 24 = 48 ——— número maior

Esses números são 24 e 48.

Atividades

1 Ache o valor do termo desconhecido nas sentenças matemáticas.

a) $3 \times \blacksquare = 39$

b) $\blacksquare - 36 = 90$

2 Resolva empregando sentenças matemáticas.

a) O produto de dois números é 144. Um deles é 18. Qual é o outro?

b) Um número dividido por 6 é igual a 23. Que número é esse?

c) O triplo da quantia que Marcos possui é R$ 72,00. Quanto ele possui?

d) Em uma adição, a soma é 536 e uma das parcelas é 328. Qual o valor da outra parcela?

3 Faça em seu caderno, empregando sentenças matemáticas.

a) A soma de dois números é 32. Um dos números é o triplo do outro. Quais são esses números?

b) Carina e Juliana têm, juntas, 18 livros. Juliana tem o dobro de livros de Carina. Quantos livros tem cada uma das meninas?

c) Juntos, Tiago e Marcela têm R$ 48,00. Marcela tem o dobro da quantia de Tiago. Quantos reais cada um tem?

d) Em um colégio há 462 crianças. A quantidade de meninas é o dobro da quantidade de meninos. Quantas meninas e quantos meninos há no colégio?

e) Somando-se as idades de Patrícia e Valéria, temos 36 anos. Valéria tem o triplo da idade de Patrícia. Qual é a idade de cada uma?

Matemática e diversão

Desafio!

Resolva os problemas e descubra o número escondido em cada figura, sabendo que figuras iguais representam números iguais. Veja o primeiro exemplo.

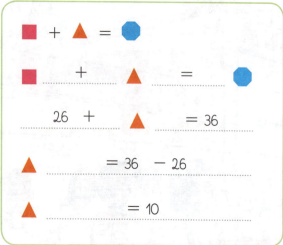

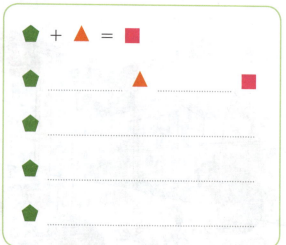

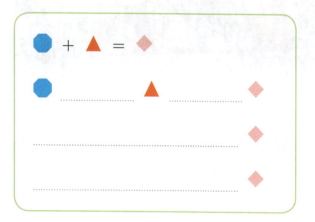

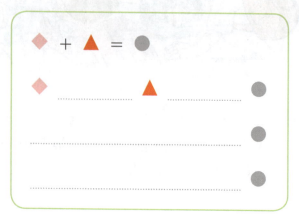

Capítulo 9 — Frações

OED

O ser humano inventou os números porque surgiu a necessidade de contar. A fração foi adotada para representar uma parte da unidade usada como medida.

Uma das primeiras frações inventadas foi a metade de um inteiro.

● Representação e leitura de um número fracionário

Dividindo a *pizza* em quatro partes iguais, cada pedaço representa **um quarto**.

Para escrever uma fração, usamos dois números naturais separados por um traço horizontal.

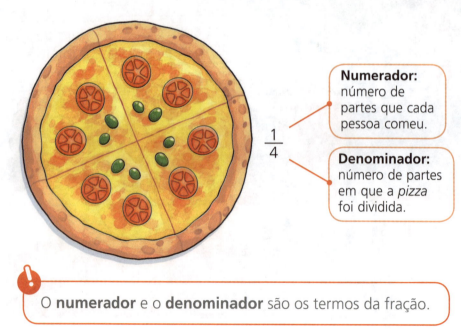

Numerador: número de partes que cada pessoa comeu.

Denominador: número de partes em que a *pizza* foi dividida.

O **numerador** e o **denominador** são os termos da fração.

Atividades

1 Indique a fração correspondente à parte pintada de cada figura.

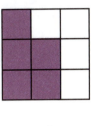 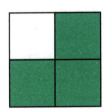

 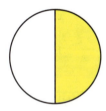

2 Se um mês do ano é representado pela fração $\frac{1}{12}$, escreva a fração que representa:

a) 3 meses → ☐   b) 10 meses → ☐   c) 9 meses → ☐

3 Se uma hora do dia é representada pela fração $\frac{1}{24}$, escreva a fração que representa:

a) 6 horas → ☐   b) 9 horas → ☐   c) 20 horas → ☐

4 Se um dia da semana é representado por $\frac{1}{7}$, escreva a fração que representa:

a) 2 dias → ☐   b) 4 dias → ☐   c) 6 dias → ☐

Leitura de frações

Como são lidas as frações?

Primeiro lê-se o número que representa o numerador: um, dois, três, quatro, cinco, seis, e assim por diante. E, em seguida, lê-se o número que representa o denominador. Veja:

Quando o denominador é:	2	3	4	5	6	7	8	9
Lê-se:	meio	terço	quarto	quinto	sexto	sétimo	oitavo	nono

Quando o denominador é:	10	100	1 000
Lê-se:	décimo	centésimo	milésimo

$\dfrac{1}{2}$ → Lê-se: **um meio**.

$\dfrac{5}{7}$ → Lê-se: **cinco sétimos**.

$\dfrac{1}{100}$ → Lê-se: **um centésimo**.

$\dfrac{13}{1\,000}$ → Lê-se: **treze milésimos**.

Nas frações com outros denominadores, lê-se o número do denominador acompanhado da palavra **avos**. Veja os exemplos:

$\dfrac{5}{15}$ → Lê-se: **cinco quinze avos**.

$\dfrac{4}{20}$ → Lê-se: **quatro vinte avos**.

Capítulo 9 – Frações

Atividades

1 Observe a fala destas pessoas:

POR FAVOR, CORTE UM QUARTO DO QUEIJO PARA MIM.

JÁ COMI METADE DA PIZZA!

VEJA, A PIZZA ESTÁ CORTADA EM 8 PARTES IGUAIS. VOU COMER 3.

ENTÃO VOCÊ VAI COMER TRÊS OITAVOS DA PIZZA.

Ilustrações: Ilustra Cartoon/Arquivo da editora

- Agora complete o quadro.

Expressões	Número fracionário
um quarto de queijo	
metade da *pizza*	
três oitavos da *pizza*	

2 Escreva como se leem as frações.

a) $\dfrac{5}{9}$ → ....

c) $\dfrac{3}{5}$ → ....

b) $\dfrac{2}{3}$ → ....

d) $\dfrac{6}{13}$ → ....

3 Observe as frações e complete.

a) $\dfrac{13}{21}$ → Lê-se: ....

O inteiro foi dividido em .... partes e foram tomadas .... partes.

b) $\dfrac{19}{100}$ → Lê-se: ....

O inteiro foi dividido em .... partes e foram tomadas .... partes.

4 Escreva as frações com algarismos.

a) O carteiro já entregou quarenta e três centésimos das cartas: ☐

b) Já li dois sétimos dos livros: ☐

● Fração de quantidades

Dona Marta recebeu 12 flores de presente. Ela as arrumou em 3 vasos, colocando o mesmo número de flores em cada um, ou seja, um terço das flores em cada vaso.

Dona Marta formou 3 grupos de 4 flores cada um, ou seja, 3 grupos de um terço das 12 flores.

$\frac{1}{3}$ de 12 flores corresponde a **4 flores**.

$\frac{2}{3}$ de 12 flores correspondem a **8 flores**.

$\frac{3}{3}$ de 12 flores correspondem a **12 flores**.

Veja outro exemplo:

Com $\frac{2}{3}$ de R$ 126,00 posso comprar uma blusa. Qual é o preço da blusa?

$\frac{3}{3}$ → R$ 126,00

$\frac{1}{3}$ → R$ 126,00 ÷ 3 = R$ 42,00

$\frac{2}{3}$ → R$ 42,00 × 2 = R$ 84,00

O preço da blusa é R$ 84,00.

Atividades

1 Observe o exemplo e calcule.

$\frac{2}{5}$ de 120

$\frac{5}{5} \longrightarrow 120$

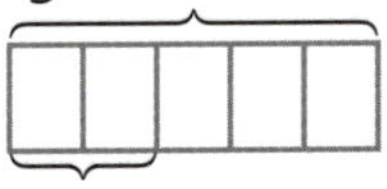

$\frac{2}{5} \longrightarrow \blacksquare$

$\frac{5}{5} \longrightarrow 120$

$\frac{1}{5} \longrightarrow 120 \div 5 = 24$

$\frac{2}{5} \longrightarrow 24 \times 2 = 48$

$\frac{1}{3}$ de 72

$\frac{3}{8}$ de 40

$\frac{4}{7}$ de 63

2 Calcule em seu caderno e escreva a resposta.

a) $\frac{1}{4}$ de R$ 420,00

b) $\frac{3}{8}$ de 64 crianças

c) $\frac{2}{3}$ de 345 figurinhas

d) $\frac{6}{7}$ de 630 árvores

3 No caderno, calcule a metade e a terça parte de:

a) 90 quilogramas →

b) 360 reais →

c) 9 600 metros →

4 Em uma turma do 5º ano estudam 42 alunos. No caderno, calcule quantos alunos representam:

a) $\frac{1}{6}$ da turma

b) $\frac{3}{6}$ da turma

c) $\frac{4}{6}$ da turma

d) $\frac{5}{6}$ da turma

Ler, refletir e resolver

Faça em seu caderno

1 Na prova de Matemática, havia 50 questões. Rodolfo acertou $\frac{8}{10}$ da prova. Quantas questões ele acertou?

2 A distância entre Rio de Janeiro e São Paulo é de, aproximadamente, 400 quilômetros. Um ônibus já rodou $\frac{3}{8}$ dessa distância. Quantos quilômetros o ônibus já percorreu?

3 Em uma turma há 27 alunos, sendo que $\frac{5}{9}$ são meninos. Quantas meninas há nessa turma?

4 Em uma caixa há 5 dúzias de bananas, mas $\frac{1}{5}$ delas só serve para fazer doces, pois foram amassadas no transporte. Quantas bananas estão em perfeitas condições e quantas podem ser utilizadas para fazer um bolo?

5 Um feirante comprou 20 caixas com 100 frutas em cada uma delas. Já vendeu $\frac{2}{5}$ das frutas. Quantas frutas ainda não foram vendidas?

Tipos de fração

Frações próprias

Observe as figuras abaixo.

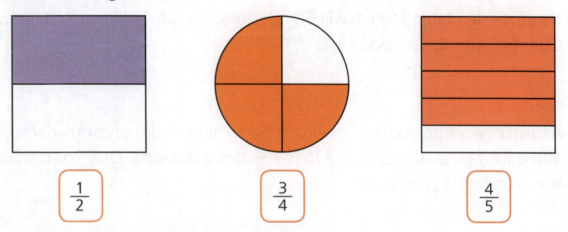

Veja que as partes coloridas são representadas por frações menores que o inteiro. Elas são chamadas **frações próprias**.

Frações próprias são aquelas que representam números menores que 1, ou seja, que têm o numerador menor que o denominador.

Frações impróprias

Agora observe estas outras figuras.

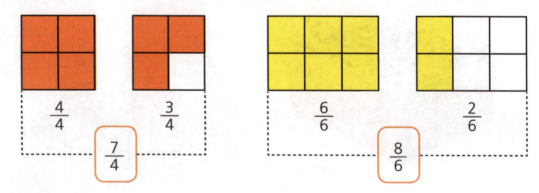

As partes coloridas representam frações maiores que uma unidade. Elas são chamadas **frações impróprias**.

Frações impróprias são aquelas que representam números maiores que 1, ou seja, que têm o numerador maior que o denominador.

Frações aparentes

Observe que estas figuras representam uma, duas e três unidades.

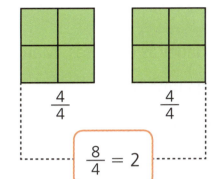

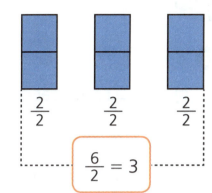

$\frac{3}{3} = 1$ $\frac{8}{4} = 2$ $\frac{6}{2} = 3$

Essas frações representam números naturais. Elas são chamadas **frações aparentes**.

> **Frações aparentes** são aquelas cujo numerador é múltiplo do denominador. Elas representam números naturais.

- Todo número natural pode ser representado por uma fração aparente de denominador 1.

$3 = \frac{3}{1}$ $5 = \frac{5}{1}$ $12 = \frac{12}{1}$

- Quando o numerador de uma fração for zero, seu valor será zero.

$\frac{0}{3} = 0$ $\frac{0}{6} = 0$ $\frac{0}{11} = 0$

- Não existem frações com denominador zero.
- As frações aparentes são, na realidade, números inteiros.

$\frac{8}{8} = 1$ $\frac{12}{3} = 4$ $\frac{20}{2} = 10$

- Todas as frações aparentes são também impróprias, mas nem todas as frações impróprias são aparentes.

$\frac{12}{3}$ é fração imprópria e aparente $\left(\frac{12}{3} = 4\right)$.

$\frac{13}{4}$ é fração imprópria, mas não é aparente.

Atividades

1 Identifique se as frases são verdadeiras ou falsas. Marque **V** ou **F**.

a) ◯ $\frac{7}{1}$ pode ser considerada uma fração.

b) ◯ $\frac{8}{0}$ pode ser considerada uma fração.

c) ◯ $\frac{0}{5}$ é uma fração cujo valor é zero.

2 Escreva estas frações nos quadros correspondentes.

$\frac{3}{8}, \frac{4}{5}, \frac{9}{4}, \frac{12}{12}, \frac{5}{10}, \frac{9}{3}, \frac{2}{2}, \frac{8}{5}, \frac{11}{6}$

próprias →

impróprias →

aparentes →

3 Escreva que fração representa cada figura e classifique-a em própria, imprópria ou aparente.

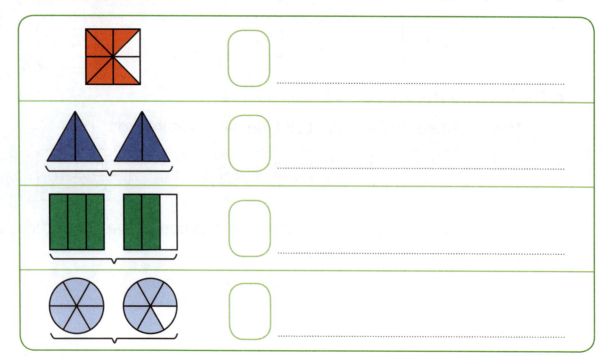

● Números mistos

Rodrigo ganhou 5 barras de chocolate e resolveu reparti-las igualmente entre seus 2 irmãos menores.

Cada um recebeu 2 barras. Sobrou 1 barra, que Rodrigo então dividiu na metade.

Cada um ganhou duas barras mais metade da barra que foi dividida. Ou seja, cada um recebeu $2 + \frac{1}{2}$ barras de chocolate.

$$\text{parte inteira} \to 2 \; + \; \frac{1}{2} \leftarrow \text{parte fracionária}$$

Como essa representação tem uma parte inteira e outra fracionária, ela é chamada **número misto**.

Número misto é aquele que possui uma parte inteira e outra fracionária.

Um modo mais simples de representar um número misto é eliminando-se o sinal **+**.

$2 + \frac{1}{2} = 2\frac{1}{2}$ ⟶ Lê-se: **dois inteiros e um meio**.

Atividades

1 Escreva como se leem estes números mistos:

a) $3\frac{1}{3}$ → ....

b) $1\frac{1}{7}$ → ....

c) $2\frac{1}{13}$ → ....

d) $1\frac{2}{9}$ → ....

2 Represente com frações os seguintes números mistos:

a) Cinco inteiros e um meio → ....

b) Um inteiro e dois oitavos → ....

c) Dois inteiros e três décimos → ....

d) Três inteiros e um terço → ....

3 Escreva o número misto que representa cada grupo de figuras.

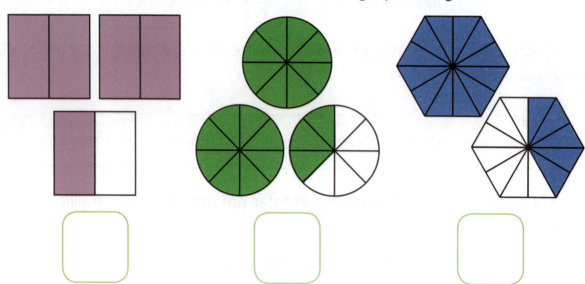

Capítulo 9 – Frações

Transformação de fração imprópria em número misto

Quando queremos saber quantos inteiros há em uma fração imprópria, nós a transformamos em número misto.

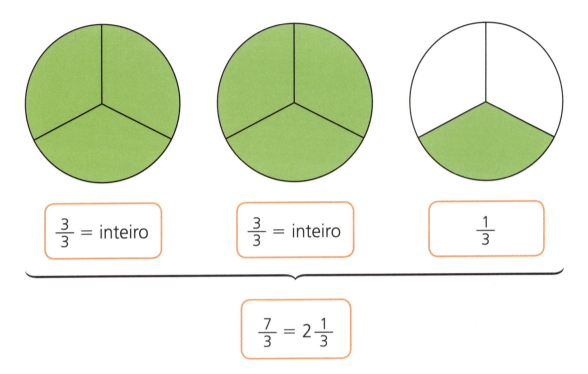

Transformar uma fração imprópria em número misto é o mesmo que extrair dela os inteiros.

Existe uma maneira prática de extrair os inteiros de uma fração imprópria. Basta fazer a divisão indicada na fração, ou seja, dividir o numerador pelo denominador.

Por exemplo, para extrair os inteiros de $\frac{7}{3}$.

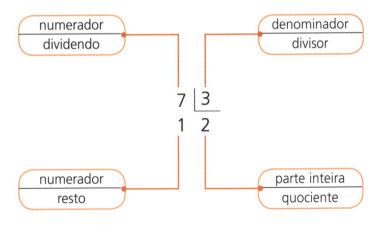

Logo: $\frac{7}{3} = 2\frac{1}{3}$

Atividades

1 Transforme as frações impróprias em números mistos. Depois escreva como se lê o resultado.

a) $\dfrac{8}{5}$ = ☐ ....

b) $\dfrac{23}{5}$ = ☐ ....

c) $\dfrac{9}{2}$ = ☐ ....

d) $\dfrac{70}{9}$ = ☐ ....

e) $\dfrac{11}{9}$ = ☐ ....

f) $\dfrac{33}{8}$ = ☐ ....

g) $\dfrac{15}{4}$ = ☐ ....

h) $\dfrac{42}{5}$ = ☐ ....

i) $\dfrac{12}{7}$ = ☐ ....

j) $\dfrac{36}{7}$ = ☐ ....

k) $\dfrac{3}{2}$ = ☐ ....

l) $\dfrac{21}{8}$ = ☐ ....

m) $\dfrac{19}{9}$ = ☐ ....

n) $\dfrac{50}{8}$ = ☐ ....

2 Observe a receita a seguir.

Drink esperto

Ingredientes:

$\frac{1}{2}$ litro de suco de maçã ou de pêssego;

2 latinhas de soda limonada;

1 copo de água mineral;

$\frac{1}{2}$ xícara de cubinhos de melancia;

$\frac{1}{2}$ xícara de cubinhos de maçã;

$\frac{1}{2}$ xícara de cubinhos de abacaxi;

10 pedras de gelo;

6 rodelas de laranja.

Ilustrações: Ilustra Cartoon/Arquivo da editora

Preparo:

1. Bata no liquidificador o suco com a soda, a água e o gelo.
2. Acrescente as frutas e sirva.

Juju na cozinha do Carlota: 29 receitas muito fáceis para crianças, de Carla Pernambuco. São Paulo: Caramelo, 2004.

○ A receita acima serve 6 pessoas. Se você fosse fazê-la para 18 pessoas, que quantidade usaria? Complete.

suco de maçã ou pêssego: ....

soda limonada: ....

água mineral: ....

cubinhos de melancia: ....

cubinhos de maçã: ....

cubinhos de abacaxi: ....

gelo: ....

rodelas de laranja: ....

Transformação de número misto em fração imprópria

Veja como obter uma fração imprópria a partir de um número misto:

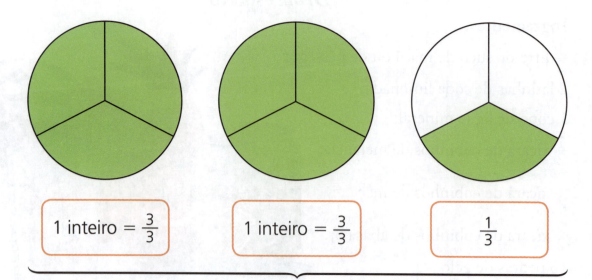

1 inteiro = $\frac{3}{3}$ 1 inteiro = $\frac{3}{3}$ $\frac{1}{3}$

$2\frac{1}{3} = \frac{7}{3}$

Observando as figuras acima, você verifica que o número misto $2\frac{1}{3}$ pode ser escrito na forma de fração imprópria, ou seja:

NA PRÁTICA, FAZEMOS...

$2\frac{1}{3} = \frac{7}{3}$

$2\frac{1}{3} = \frac{2 \times 3 + 1}{3} = \frac{7}{3}$

Atividades

1) Observe as figuras, escreva os números mistos que elas representam e depois transforme-os em fração imprópria.

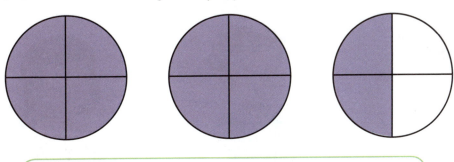

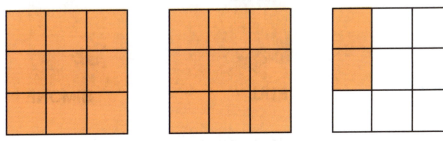

2) Escreva os números mistos em forma de fração imprópria.

a) $3\frac{1}{6} =$

b) $2\frac{3}{5} =$

c) $4\frac{1}{7} =$

d) $1\frac{2}{8} =$

e) $3\frac{1}{13} =$

f) $9\frac{2}{9} =$

Frações equivalentes

Célia comprou 3 barras iguais de chocolate para seus sobrinhos Carla, Edu e Simone.

Para descobrir quem comeu mais chocolate, Edu fez este desenho:

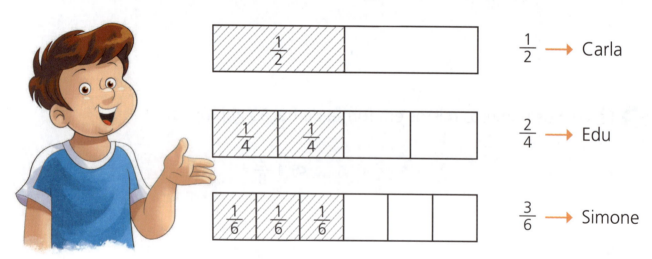

Ele observou que os três comeram a mesma porção de chocolate. As frações diferentes que representam a mesma parte do inteiro são chamadas **frações equivalentes**.

Veja agora como determinar, na prática, frações equivalentes a certa fração:

- por multiplicação

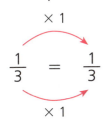

$\dfrac{1}{3} = \dfrac{1}{3}$ $\dfrac{1}{3} = \dfrac{2}{6}$ $\dfrac{1}{3} = \dfrac{3}{9}$ $\dfrac{1}{3} = \dfrac{4}{12}$, e assim por diante.

- por divisão

$\dfrac{4}{12} = \dfrac{4}{12}$ $\dfrac{4}{12} = \dfrac{2}{6}$ $\dfrac{4}{12} = \dfrac{1}{3}$

Para encontrar uma fração equivalente a outra, multiplicamos ou dividimos o numerador e o denominador por um mesmo número natural diferente de zero.

Simplificação de frações

Para facilitar os cálculos e as comparações entre frações, podemos simplificá-las.

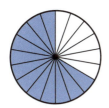 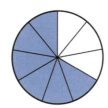 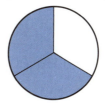

$$\dfrac{12}{18} \begin{array}{c}\div 2\\ \div 2\end{array} = \dfrac{6}{9} \begin{array}{c}\div 3\\ \div 3\end{array} = \dfrac{2}{3}$$

A fração $\dfrac{2}{3}$, que é a fração equivalente a $\dfrac{12}{18}$ com os menores termos possíveis, é chamada **irredutível**: seus termos não podem mais ser divididos por um mesmo número.

Para simplificar uma fração, dividimos o numerador e o denominador por um mesmo número natural diferente de zero, sucessivamente, até encontrarmos uma fração irredutível.

Atividades

1 Observe que as partes coloridas das figuras representam a mesma parte do inteiro. Portanto, as frações são equivalentes. Escreva quais são essas frações.

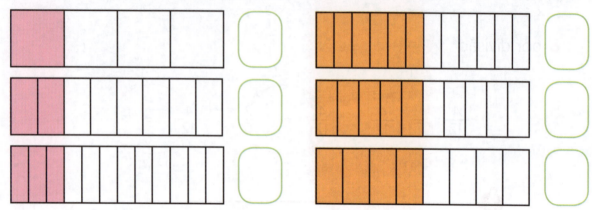

2 Escreva os termos que faltam nas frações para que elas se tornem equivalentes.

a) $\dfrac{2}{5} = \dfrac{6}{\_\_}$

b) $\dfrac{1}{8} = \dfrac{\_\_}{40}$

c) $\dfrac{2}{6} = \dfrac{\_\_}{24}$

d) $\dfrac{5}{4} = \dfrac{35}{\_\_}$

e) $\dfrac{3}{7} = \dfrac{6}{\_\_}$

f) $\dfrac{9}{2} = \dfrac{\_\_}{12}$

3 Pense e responda.

a) Qual é a fração equivalente a $\dfrac{1}{4}$ de denominador 8?

b) Estela comeu $\dfrac{2}{6}$ de um bolo, e seu irmão, $\dfrac{4}{12}$. Quem comeu mais? Por quê?

c) Qual é a fração equivalente a $\dfrac{3}{8}$ de numerador 21?

d) De um pacote de balas, Ana Luísa ganhou $\dfrac{3}{7}$ e Filipe, $\dfrac{6}{14}$. Quem ganhou mais balas? Por quê?

Capítulo 9 – Frações

4 Simplifique as frações, fazendo divisões sucessivas.

$$\frac{180}{360} \begin{array}{c}\div 2\\ \div 2\end{array} = \frac{90}{180} \begin{array}{c}\div 2\\ \div 2\end{array} = \frac{45}{90} \begin{array}{c}\div 3\\ \div 3\end{array} = \frac{15}{30} \begin{array}{c}\div 3\\ \div 3\end{array} = \frac{5}{10} \begin{array}{c}\div 5\\ \div 5\end{array} = \frac{1}{2}$$

a) $\frac{36}{104}$

b) $\frac{160}{70}$

c) $\frac{81}{99}$

5 Observe as figuras e escreva se as frações $\frac{1}{2}$, $\frac{2}{4}$ e $\frac{4}{8}$ são equivalentes ou não.

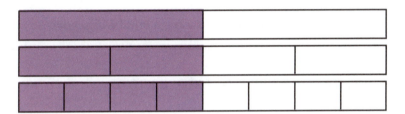

6 Risque as frações irredutíveis.

$\frac{2}{5}$ $\frac{8}{12}$ $\frac{9}{7}$ $\frac{21}{14}$

$\frac{10}{16}$ $\frac{4}{5}$ $\frac{17}{8}$ $\frac{15}{3}$

IRREDUTÍVEL? AH, É A QUE NÃO PODE MAIS SER SIMPLIFICADA.

7 Escreva a fração que corresponde a 3 meses de um ano. Em seguida, simplifique-a e faça um desenho que represente a fração irredutível encontrada.

8 Leia o texto a seguir.

- Três quartos da superfície da Terra são cobertos por água, ou seja, cerca de 1,4 bilhão de litros.
- A cada 100 litros de água: 97 litros são de água salgada e apenas 3 litros são de água doce.
- A cada 100 litros de água doce: 77 litros estão sob a forma de gelo, 22 litros estão embaixo da terra e apenas 1 litro está nos rios e lagos.
- A cada 100 litros de água consumidos no mundo: 70 litros são consumidos na agricultura, 20 litros são consumidos pela indústria e 10 litros são consumidos nas casas.

Cachoeira dos Rodrigues, São José dos Ausentes (RS).

Almanaque Recreio: tudo sobre o Brasil e o mundo. São Paulo: Abril, 2003.

Baseando-se nas informações do texto, escreva:

a) a fração que representa a superfície da Terra coberta por água:

b) sem usar vírgula, escreva a quantidade de litros de água que cobre a superfície terrestre.

....

c) Tendo como referência 100 litros de água doce, escreva a fração que representa a água:

- sob a forma de gelo;
- que está nos rios e lagos;
- que está embaixo da terra.

d) Quais das frações escritas no item **c** são irredutíveis?

Redução de frações ao mesmo denominador

PARA SOMAR $\frac{1}{3}$ E $\frac{1}{4}$ PRECISO CALCULAR O DENOMINADOR COMUM. COMO FAÇO ISSO?

☐☐☐ + ☐☐☐☐ = ?

Para realizar algumas operações com frações que têm denominadores diferentes é preciso, às vezes, transformá-las em frações com o mesmo denominador.

Observe os exemplos:

○ Vamos reduzir as frações $\frac{1}{3}$ e $\frac{1}{4}$ ao mesmo denominador, procurando as frações equivalentes que tenham denominadores iguais.

$$\frac{1}{3} = \frac{1}{3}, \frac{2}{6}, \frac{3}{9}, \boxed{\frac{4}{12}}, \frac{5}{15} \ldots \qquad \frac{1}{4} = \frac{1}{4}, \frac{2}{8}, \boxed{\frac{3}{12}}, \frac{4}{16}, \frac{5}{20} \ldots$$

$$\frac{1}{3} = \frac{4}{12} \text{ e } \frac{1}{4} = \frac{3}{12}$$

○ Agora observe como reduzir as frações $\frac{2}{6}$ e $\frac{3}{5}$ ao mesmo denominador, empregando o mmc:

1º – Calcular o mmc dos denominadores:

M (6) = 0, 6, 12, 18, 24, 30 , 36...

M (5) = 0, 5, 10, 15, 20, 25, 30 , 35...

mmc (6,5) = 30 → denominador comum das duas frações

2º – Dividir o novo denominador pelo denominador antigo de cada fração:

denominador antigo → 30 ÷ ⑥ = 5

denominador antigo → 30 ÷ ⑤ = 6

3º – Multiplicar o resultado pelo numerador e pelo denominador de cada fração:

$$\frac{2 \times 5}{6 \times 5} = \frac{10}{30} \qquad \frac{3 \times 6}{5 \times 6} = \frac{18}{30}$$

AS FRAÇÕES EQUIVALENTES A $\frac{2}{6}$ E $\frac{3}{5}$, REDUZIDAS AO MENOR DENOMINADOR COMUM, SÃO $\frac{10}{30}$ E $\frac{18}{30}$.

Método prático

Vamos reduzir ao menor denominador comum as frações $\frac{2}{5}$ e $\frac{3}{8}$.

```
5   8 | 2
5   4 | 2
5   2 | 2
5   1 | 5
1
```

mmc (5,8) = 2 × 2 × 2 × 5 = 40

$$\frac{2}{5} = \frac{40 \div 5 \times 2}{40} = \frac{16}{40}$$

$$\frac{3}{8} = \frac{40 \div 8 \times 3}{40} = \frac{15}{40}$$

1 Reduza as frações ao mesmo denominador comum determinando as frações equivalentes.

a) $\dfrac{1}{2}$ e $\dfrac{1}{3}$

b) $\dfrac{3}{4}$ e $\dfrac{2}{6}$

2 Reduza as frações ao menor denominador comum encontrando o mmc.

a) $\dfrac{5}{6}$ e $\dfrac{7}{9}$

b) $\dfrac{1}{5}$, $\dfrac{1}{10}$ e $\dfrac{2}{15}$

Comparações de frações

Frações com o mesmo denominador

Vitória fez uma torta de morango e ficou com $\frac{3}{5}$ dela. Sua amiga Jane ganhou $\frac{2}{5}$. Quem ficou com a maior parte da torta?

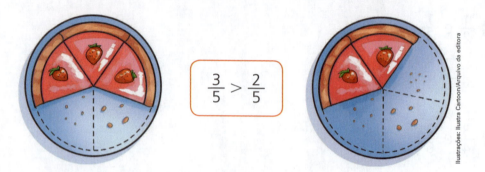

Vitória ficou com a maior parte da torta.

> Quando duas ou mais frações têm o mesmo denominador, a maior delas é a que tem o maior numerador.

Frações com o mesmo numerador

A professora distribuiu duas folhas de cartolina iguais para que Mário e Caio fizessem um trabalho. Caio usou $\frac{2}{4}$ de sua folha e Mário usou $\frac{2}{3}$ da dele.

Quem usou um pedaço maior de cartolina?

Vamos representar o problema graficamente:

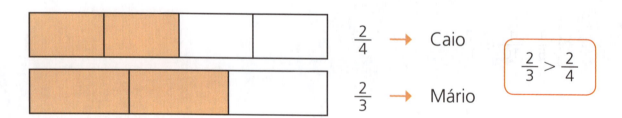

Mário usou um pedaço maior de cartolina.

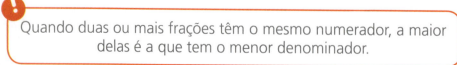

> Quando duas ou mais frações têm o mesmo numerador, a maior delas é a que tem o menor denominador.

Frações com numeradores e denominadores diferentes

Qual é a maior fração?

As frações $\frac{3}{4}$ e $\frac{5}{6}$ têm numeradores e denominadores diferentes.

Para que possamos compará-las, primeiro é preciso reduzi-las ao menor denominador comum.

4	6	2
2	3	2
1	3	3
1	1	

$\frac{3}{4} = \frac{12 \div 4 \times 3}{12} = \frac{9}{12}$

$\frac{5}{6} = \frac{12 \div 6 \times 5}{12} = \frac{10}{12}$

mmc (4,6) = 2 × 2 × 3 = 12

$\frac{3}{4} = \frac{9}{12}$ e $\frac{5}{6} = \frac{10}{12}$

Como $\frac{10}{12} > \frac{9}{12}$, logo $\frac{5}{6} > \frac{3}{4}$.

Quando duas ou mais frações têm numeradores e denominadores diferentes, devemos reduzi-las ao mesmo denominador para poder compará-las.

Atividades

1 Observe as figuras, escreva as frações correspondentes e compare-as, empregando os sinais > e <.

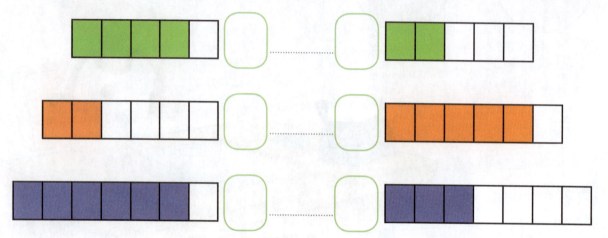

2 Risque a maior fração e circule a menor.

a) $\dfrac{11}{7}$, $\dfrac{15}{7}$, $\dfrac{21}{7}$, $\dfrac{18}{7}$, $\dfrac{13}{7}$

b) $\dfrac{5}{12}$, $\dfrac{5}{8}$, $\dfrac{5}{4}$, $\dfrac{5}{9}$, $\dfrac{5}{11}$

c) $\dfrac{6}{10}$, $\dfrac{6}{21}$, $\dfrac{6}{7}$, $\dfrac{6}{6}$, $\dfrac{6}{4}$

d) $\dfrac{15}{13}$, $\dfrac{10}{13}$, $\dfrac{8}{13}$, $\dfrac{20}{13}$, $\dfrac{14}{13}$

3 Escreva as frações em ordem crescente.

a) $\dfrac{1}{4}$, $\dfrac{7}{4}$, $\dfrac{5}{4}$, $\dfrac{12}{4}$

b) $\dfrac{9}{9}$, $\dfrac{3}{9}$, $\dfrac{14}{9}$, $\dfrac{12}{9}$

c) $\dfrac{3}{8}$, $\dfrac{3}{4}$, $\dfrac{3}{13}$, $\dfrac{3}{2}$

4 Complete com > ou <.

a) $\dfrac{5}{8}$ .... $\dfrac{9}{8}$

b) $\dfrac{3}{9}$ .... $\dfrac{6}{9}$

c) $\dfrac{8}{15}$ .... $\dfrac{7}{15}$

d) $\dfrac{3}{10}$ .... $\dfrac{5}{10}$

e) $\dfrac{5}{12}$ .... $\dfrac{4}{12}$

f) $\dfrac{32}{52}$ .... $\dfrac{31}{52}$

5 Escreva as frações nas ordens indicadas, utilizando os sinais > e <.

$$\dfrac{5}{3}, \dfrac{8}{3}, \dfrac{14}{3}, \dfrac{2}{3}, \dfrac{10}{3}, \dfrac{11}{3}$$

- ordem crescente

$$\dfrac{4}{5}, \dfrac{4}{8}, \dfrac{4}{4}, \dfrac{4}{12}, \dfrac{4}{9}, \dfrac{4}{7}$$

- ordem decrescente

6 Reduza as frações ao menor denominador e compare-as.

$\dfrac{3}{4}$ e $\dfrac{2}{5}$

$\dfrac{3}{5}$ e $\dfrac{5}{7}$

$\dfrac{3}{5}$ e $\dfrac{5}{8}$

$\dfrac{2}{3}$ e $\dfrac{5}{8}$

7 Pinte os quadrinhos para representar as frações e resolva os problemas.

a) Para uma festa, foram compradas uma caixa de doces e outra de salgados, cada uma com a mesma quantidade. Foram consumidos $\frac{7}{8}$ dos doces e $\frac{3}{4}$ dos salgados.

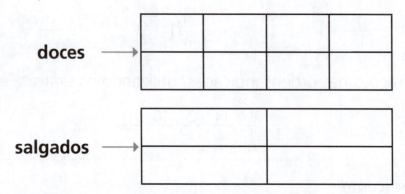

- O que foi consumido em maior quantidade?

....

b) Luís decidiu usar uma parte de seu jardim para fazer uma pequena horta e cultivar alguns alimentos que consome. Ele plantou tomates em $\frac{3}{9}$ do terreno, alfaces em $\frac{4}{9}$ e cenouras em $\frac{2}{9}$. Pinte os quadrinhos conforme a legenda.

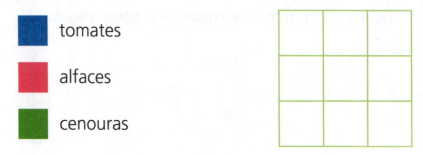

- Qual alimento ocupou uma parte menor do terreno?

....

8 Num jogo de basquete, Luciana arremessou 25 bolas e acertou 15. Débora arremessou 20 e acertou 8. Qual delas teve a maior fração de acertos?

Operações com frações

Adição e subtração de frações com mesmo denominador

Pedro dividiu um pão caseiro em 5 partes de mesmo tamanho. Ele vai comer $\frac{3}{5}$ do pão e seu primo, $\frac{1}{5}$. Que fração do pão será consumida?

$$\frac{3}{5} + \frac{1}{5} = \frac{3+1}{5} = \frac{4}{5}$$

$\frac{4}{5}$ do pão serão consumidos.

Que fração do pão Pedro vai comer a mais que seu primo?

$$\frac{3}{5} - \frac{1}{5} = \frac{3-1}{5} = \frac{2}{5}$$

Pedro vai comer $\frac{2}{5}$ a mais que seu primo.

Para adicionar ou subtrair frações com o mesmo denominador, somam-se ou subtraem-se os numeradores e conserva-se o denominador.

✓ Quando o resultado for uma fração aparente, transformá-la em número inteiro.

$$\frac{2}{3} + \frac{1}{3} = \frac{3}{3} = 1$$

✓ Simplificar a fração do resultado até torná-la irredutível.

$$\frac{4}{8} + \frac{6}{8} = \frac{10}{8} = \frac{5}{4}$$

✓ Quando o resultado for uma fração imprópria, extrair os inteiros para transformá-la em número misto.

$$\frac{4}{8} + \frac{6}{8} = \frac{10}{8} = \frac{5}{4} = 1\frac{1}{4}$$

DEPOIS DE RESOLVER QUALQUER OPERAÇÃO COM NÚMEROS FRACIONÁRIOS, DEVE-SE TORNAR O RESULTADO O MAIS SIMPLES POSSÍVEL. OBSERVE OS EXEMPLOS.

Atividades

1 Leia e responda: Joana dividiu um bolo em 6 partes iguais. Comeu $\frac{2}{6}$ e vai dar $\frac{2}{6}$ para Pedro e $\frac{1}{6}$ para Carlos.

a) Que fração representa o bolo todo?

b) Que fração do bolo será consumida?

c) Que fração do bolo restará?

2 Efetue e simplifique o resultado quando possível.

a) $\frac{30}{15} + \frac{25}{15} =$

b) $\frac{9}{4} + \frac{14}{4} =$

3 Efetue e extraia os inteiros.

a) $\frac{5}{8} + \frac{12}{8} =$

b) $\frac{4}{12} + \frac{10}{12} =$

c) $\frac{7}{5} - \frac{1}{5} =$

4 Calcule o valor de cada expressão.

a) $\frac{9}{6} + \frac{5}{6} - \frac{4}{6} =$

b) $\frac{3}{4} - \frac{1}{4} + \frac{6}{4} =$

c) $\frac{13}{16} - \left(\frac{2}{16} + \frac{3}{16}\right) =$

d) $\frac{16}{15} + \left(\frac{12}{15} - \frac{8}{15}\right) =$

Capítulo 9 – Frações

Adição e subtração com números inteiros, frações e números mistos

Leia e observe:

- Dalva gastou uma caixa de sabão em pó e mais $\frac{1}{4}$ de outra caixa para lavar toda a roupa durante um mês. Que quantidade de sabão ela usou?

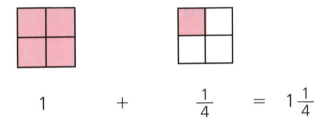

$$1 \quad + \quad \frac{1}{4} \quad = \quad 1\frac{1}{4}$$

A quantidade de sabão que Dalva usou corresponde a $1\frac{1}{4}$.

- De uma caixa de bombons, Gil retirou $\frac{3}{6}$. Que fração dos bombons restou na caixa?

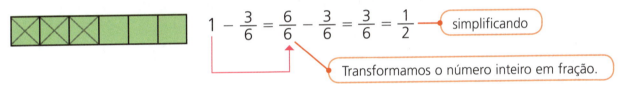

$$1 - \frac{3}{6} = \frac{6}{6} - \frac{3}{6} = \frac{3}{6} = \frac{1}{2} \longrightarrow \text{simplificando}$$

Transformamos o número inteiro em fração.

Restou $\frac{1}{2}$ dos bombons na caixa.

- Luciana tem 2 tabletes de chocolate e mais $\frac{2}{5}$ de outro. Mauro tem somente $\frac{2}{5}$ de um tablete. Que número misto representa o total de tabletes das duas crianças?

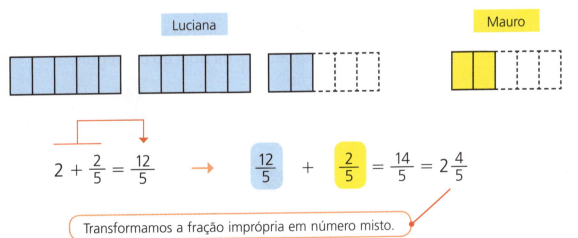

$$2 + \frac{2}{5} = \frac{12}{5} \quad \rightarrow \quad \frac{12}{5} + \frac{2}{5} = \frac{14}{5} = 2\frac{4}{5}$$

Transformamos a fração imprópria em número misto.

O total de tabletes das duas crianças é representado por $2\frac{4}{5}$.

Atividades

1) Efetue e simplifique quando possível.

TRANSFORMO OS NÚMEROS MISTOS EM FRAÇÕES IMPRÓPRIAS.

a) $5\frac{1}{3} + 5\frac{2}{3} =$

b) $8\frac{1}{4} - 6\frac{2}{4} =$

c) $9\frac{1}{5} + 10\frac{4}{5} =$

d) $3\frac{5}{12} - 2\frac{1}{12} =$

e) $4\frac{5}{6} - 3\frac{2}{6} =$

2) Efetue e escreva o resultado na forma mais simples.

a) $5\frac{2}{3} + \frac{1}{3} =$

b) $4\frac{1}{9} + \frac{6}{9} =$

c) $8\frac{1}{5} - 7\frac{2}{5} =$

d) $1\frac{3}{8} + \frac{7}{8} =$

e) $3\frac{1}{9} - \frac{4}{9} =$

3) A classe de Lúcia arrecadou pacotes de ração para doar a três abrigos de animais. A primeira instituição recebeu $\frac{4}{10}$ da doação e a segunda, $\frac{3}{10}$. Que fração recebeu a terceira instituição?

Ler, refletir e resolver

1 Observe a ilustração e responda às questões a seguir.

a) Que fração do bolo as três crianças comeram juntas?

b) Que fração do bolo resta na bandeja?

2 Ganhei uma torta de banana e comi $\frac{2}{8}$ dela. Quanto ainda resta?

3 Camila correu $\frac{5}{9}$ de um percurso e Renato correu $\frac{7}{9}$. Quem correu a maior distância? Quanto a mais?

4 Leonardo e seu pai vão a pé para a escola. É uma maneira de contribuir para um ar mais puro e economizar combustível.

Antes de começarem a ir a pé, o trajeto para a escola consumia $\frac{1}{15}$ do tanque de gasolina. Quanto eles gastavam de combustível em 3 dias? Supondo que no tanque cabem 45 litros, quantos litros eram consumidos em um dia?

Adição e subtração de frações com denominadores diferentes

Lucas e Adriana estão pintando a parede da garagem.

Lucas pintou $\frac{1}{5}$ da parede e Adriana pintou $\frac{1}{2}$.

Eles pararam para verificar que fração representa a parte da parede que os dois pintaram juntos.

Lucas transformou $\frac{1}{2}$ e $\frac{1}{5}$ em frações equivalentes (com o mesmo denominador) e efetuou a adição:

$$\frac{1}{2} + \frac{1}{5} = \frac{5}{10} + \frac{2}{10} = \frac{7}{10}$$

A fração que representa a parte que os dois pintaram juntos é $\frac{7}{10}$.

Para adicionar ou subtrair frações com denominadores diferentes, é preciso primeiro reduzi-las ao mesmo denominador e depois efetuar a operação.

1 Efetue e simplifique ou extraia os inteiros quando possível.

a) $\dfrac{4}{5} + \dfrac{2}{3} =$

b) $\dfrac{1}{3} + \dfrac{2}{12} + \dfrac{5}{6} =$

c) $1\dfrac{3}{4} + \dfrac{5}{8} =$

d) $2\dfrac{1}{5} + 3\dfrac{1}{7} =$

e) $\dfrac{3}{4} - \dfrac{7}{10} =$

f) $3\dfrac{3}{8} - 2\dfrac{3}{4} =$

2 Encontre o resultado das expressões. Extraia os inteiros ou simplifique o resultado quando possível.

a) $\dfrac{2}{3} + \dfrac{4}{5} - \dfrac{7}{10} =$

b) $\dfrac{5}{6} - \dfrac{1}{4} + \dfrac{3}{8} =$

c) $\dfrac{7}{9} + 1\dfrac{3}{6} - \dfrac{1}{3} =$

● Multiplicação de frações

Observe as seguintes situações que envolvem multiplicação:

○ Marta comprou uma torta dividida em 8 partes iguais. Ela comeu 3 partes e sua irmã, Juliana, comeu outras 3. Que fração da torta elas comeram ao todo?

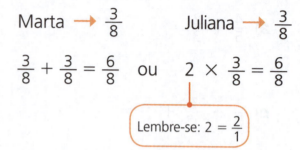

Marta → $\frac{3}{8}$ Juliana → $\frac{3}{8}$

$\frac{3}{8} + \frac{3}{8} = \frac{6}{8}$ ou $2 \times \frac{3}{8} = \frac{6}{8}$

Lembre-se: $2 = \frac{2}{1}$

As duas comeram $\frac{6}{8}$ da torta.

○ Paulo comeu $\frac{1}{3}$ de $\frac{1}{2}$ de uma barra de chocolate. Que fração da barra de chocolate Paulo comeu?

Observe:

A parte colorida da figura representa $\frac{1}{2}$ da barra de chocolate.

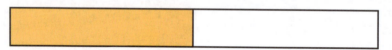

Agora vamos achar $\frac{1}{3}$ da parte colorida, ou seja, $\frac{1}{3}$ de $\frac{1}{2}$.
$\frac{1}{3}$ de $\frac{1}{2}$ representa a metade dividida em 3 partes iguais.

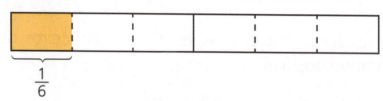

$\frac{1}{3}$ de $\frac{1}{2}$ é igual a $\frac{1}{6}$.

Isso significa que: $\frac{1}{3} \times \frac{1}{2} = \frac{1}{6}$.

Paulo comeu $\frac{1}{6}$ da barra de chocolate.

Na multiplicação de frações, multiplicam-se os numeradores e também os denominadores entre si.

Atividades

1) Efetue as multiplicações, simplifique os resultados e extraia os inteiros quando possível.

a) $\dfrac{3}{8} \times \dfrac{1}{6} =$

b) $2\dfrac{1}{3} \times 1\dfrac{4}{5} =$

2) Encontre a fração correspondente.

a) $\dfrac{1}{5}$ de $\dfrac{1}{4}$ →

b) $\dfrac{2}{3}$ de $\dfrac{1}{2}$ →

3) Calcule.

a) $\dfrac{1}{3}$ de 15 →

b) $\dfrac{3}{8}$ de 40 →

4) A figura **A** representa $\dfrac{2}{6}$ e a figura **B**, a metade de $\dfrac{2}{6}$.

Com elas Márcio fez uma multiplicação de frações. A figura **A** representa um dos fatores e a figura **B**, o produto.

 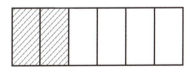

a) Qual foi a multiplicação feita?

b) Qual é o resultado?

Frações inversas

Duas frações são inversas quando o numerador de uma é igual ao denominador da outra e vice-versa.

Toda fração, exceto a que tem numerador zero, tem seu inverso. Para achar o inverso de um número inteiro, é preciso transformá-lo em fração e fazer a troca do numerador pelo denominador.

O inverso de 2 é $\frac{1}{2}$, pois $2 = \frac{2}{1}$. Ao trocarmos os termos de $\frac{2}{1}$, temos $\frac{1}{2}$.

O produto da multiplicação entre dois números inversos é sempre a unidade.

$$8 \times \frac{1}{8} = \frac{8}{1} \times \frac{1}{8} = \frac{8}{8} = 1$$

$$\frac{4}{5} \times \frac{5}{4} = \frac{20}{20} = 1$$

Não existe o inverso do número 0, isto é, não existe o inverso de uma fração com numerador zero.

Exemplo: Não há fração inversa de $\frac{0}{5}$, pois não existe a fração $\frac{5}{0}$.

Atividades

1 Escreva o inverso de:

a) 6 → ☐

b) $\frac{1}{25}$ → ☐

c) $\frac{2}{5}$ → ☐

d) $\frac{31}{8}$ → ☐

2 Escreva como se leem as frações e também suas inversas.

a) $\frac{3}{4}$ → .... $\frac{4}{3}$ → ....

b) $\frac{3}{13}$ → .... $\frac{13}{3}$ → ....

3 Multiplique $\frac{2}{4}$ pela inversa de:

a) $\frac{1}{5}$ → ☐

b) $\frac{2}{8}$ → ☐

c) $\frac{3}{7}$ → ☐

d) $\frac{1}{6}$ → ☐

4 Escreva **V**, se for verdadeiro, ou **F**, se for falso.

a) ☐ $\frac{1}{8}$ é a fração inversa de 81.

b) ☐ O inverso de $\frac{30}{12}$ é $\frac{21}{30}$.

c) ☐ O inverso de 50 é $\frac{1}{50}$.

d) ☐ $\frac{1}{3}$ é a fração inversa de 3.

5 Calcule o produto entre os números abaixo e seu respectivo inverso.

a) 5 →

b) $\frac{1}{12}$ →

c) $\frac{7}{3}$ →

d) 9 →

Divisão de frações

Eduardo ganhou $\frac{1}{3}$ de um bolo grande e vai dividi-lo igualmente com Ronaldo. Que fração do bolo cada um receberá?

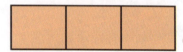

Esta figura, que representa um inteiro, foi dividida em 3 partes iguais. Ou seja, cada parte representa $\frac{1}{3}$.

Veja o que acontece quando se divide cada parte em 2:

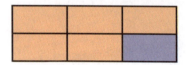

É como se tivéssemos dividido a figura em 6 partes iguais. Cada uma dessas partes representa $\frac{1}{6}$ do inteiro.

Assim, $\frac{1}{3} \div 2 = \frac{1}{6}$. Portanto, cada um receberá $\frac{1}{6}$ do bolo inicial.

Agora vamos representar também a expressão $\frac{1}{3} \times \frac{1}{2}$.

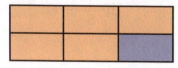 $\frac{1}{3} \times \frac{1}{2} = \frac{1}{6}$

Como se vê, $\frac{1}{3} \div 2$ e $\frac{1}{3} \times \frac{1}{2}$ representam a mesma parte do inteiro.

Logo, $\frac{1}{3} \div 2 = \frac{1}{3} \times \frac{1}{2}$ ⎯ inversa de 2

Para dividir uma fração por outra, basta multiplicar a primeira pela inversa da segunda.

Exemplos:

$\frac{2}{5} \div \underbrace{\frac{3}{5}}_{\text{inversa}} = \frac{2}{5} \times \frac{5}{3} = \frac{10}{15} = \frac{2}{3}$ $\qquad$ $4 \div \underbrace{\frac{3}{2}}_{\text{inversa}} = \frac{4}{1} \times \frac{2}{3} = \frac{8}{3}$

Atividades

1) Efetue as divisões. Se possível, simplifique e extraia os inteiros.

a) $\dfrac{8}{3} \div \dfrac{1}{8} =$

b) $\dfrac{2}{5} \div \dfrac{4}{7} =$

c) $\dfrac{15}{4} \div \dfrac{10}{3} =$

d) $\dfrac{3}{2} \div \dfrac{6}{5} =$

e) $\dfrac{1}{9} \div \dfrac{3}{5} =$

2) Transforme os números mistos em frações impróprias e efetue as divisões.

a) $1\dfrac{1}{3} \div 2\dfrac{1}{5} =$

b) $4\dfrac{1}{2} \div 1\dfrac{1}{4} =$

c) $2\dfrac{1}{6} \div 3\dfrac{1}{3} =$

d) $1\dfrac{1}{5} \div 2\dfrac{2}{3} =$

e) $3\dfrac{3}{2} \div 5\dfrac{4}{6} =$

Ler, refletir e resolver

1 Eduardo comeu $\frac{2}{3}$ de uma lasanha e Rui comeu $\frac{1}{5}$. Que fração da lasanha os dois comeram juntos? Que fração sobrou?

2 Rita fez $\frac{1}{8}$ do trabalho de Geografia no período da manhã e $\frac{2}{3}$ à tarde. Que fração representa a parte do trabalho que já está pronta?

3 Fábio percorreu de ônibus $\frac{2}{5}$ do caminho até a escola. Do restante do trajeto, ele já percorreu $\frac{1}{2}$ a pé. Que fração do caminho ainda falta para Fábio chegar à escola?

4 Jéssica decidiu tomar algumas medidas para economizar energia elétrica em sua casa. Apagando as luzes dos ambientes vazios, ela economizou $\frac{1}{8}$ do valor da conta. Desligando a televisão quando ninguém está assistindo, economizou $\frac{1}{7}$. Que fração da conta Jéssica economizou em um mês?

5) Uma caixa-d'água tem capacidade para 2 500 litros. Ela foi enchida pela manhã, mas já foram gastos $\frac{2}{5}$ da água ali contida.

a) Quantos litros de água já foram gastos?

_____

b) Que fração representa a quantidade de água que sobrou?

_____

c) Quantos litros de água ainda restam na caixa?

_____

6) Maura tem 6 litros de água para colocar em garrafas de $\frac{1}{2}$ litro. Quantas garrafas Maura vai utilizar?

_____

7) Numa maratona, $\frac{1}{4}$ dos atletas não completou a prova, $\frac{2}{3}$ passaram da linha de chegada e 40 desistiram de participar.

a) Quantos atletas participaram da prova?

_____

b) Quantos atletas completaram a prova?

_____

c) Quantos atletas não completaram a prova?

_____

O tema é...

O impacto das embalagens no meio ambiente

Hoje, um terço do lixo doméstico é composto por embalagens. Cerca de 80% das embalagens são descartadas após usadas apenas uma vez! Como nem todas seguem para reciclagem, este volume ajuda a superlotar os aterros e lixões, exigindo novas áreas para depositarmos o lixo que geramos. Isso quando os resíduos seguem mesmo para o depósito de lixo...

Texto disponível em: <www.mma.gov.br/responsabilidade-socioambiental/producao-e-consumo-sustentavel/consumo-consciente-de-embalagem/impacto-das-embalagens-no-meio-ambiente>. Acesso em: 20 out. 2014.

1. Evite embalagens desnecessárias

Você sabia que cerca de $\frac{1}{3}$ do lixo doméstico é composto de embalagens?

Diminua esse desperdício escolhendo produtos com menos embalagens.

Julie Deshaies/Shutterstock/Glow Images

2. Prefira produtos com embalagens retornáveis ou refis

Você sabia que cada vasilhame retornável de bebida pode realizar de 8 a 30 viagens e que embalagens refis consomem 30% menos recursos naturais em sua fabricação?

Embalagens retornáveis e refis diminuem a necessidade de fabricação de novas embalagens, diminuindo também a pressão por recursos naturais.

Alguns produtos possuem refis, e você usa o conteúdo do refil na embalagem que já possuía.

Claudio Baldini and Fotofermer/Shutterstock/Glow Images

3 Utilize sacolas retornáveis

Você sabia que atualmente no Brasil são consumidas aproximadamente 35 mil sacolas plásticas por minuto? Tudo isso acaba em depósitos de lixo, leva séculos para se decompor e dificulta a decomposição dos outros resíduos.

Ajude a diminuir essa montanha de lixo usando sacolas retornáveis.

4 Reutilize suas embalagens sempre que possível

Você sabia que 80% das embalagens são descartadas depois de serem usadas apenas uma vez?

Ao preferir produtos com embalagens reutilizáveis você ajuda a diminuir o volume de lixo produzido em sua casa.

5 Encaminhe as embalagens sem utilidade para reciclagem

Você sabia que a reciclagem de uma lata em comparação com a produção de uma nova representa uma economia de energia suficiente para manter um aparelho de TV ligado por três horas?

A reciclagem de materiais economiza água, energia e recursos naturais, além de diminuir a quantidade de lixo e dar emprego a milhares de brasileiros.

Texto disponível em: <www.mma.gov.br/responsabilidade-socioambiental/producao-e-consumo-sustentavel/consumo-consciente-de-embalagem/dicas-para-o-consumo-consciente>. Acesso em: 20 out. 2014.

- Conte para os colegas qual dica teve mais impacto em você.
- Escreva os dados expressos em números, especialmente as frações.

Capítulo 10 — Números decimais

● Décimos, centésimos e milésimos

Observe as representações nas figuras a seguir.

Este quadrado representa a unidade.

Como ele está dividido em 10 partes iguais, cada uma delas é a décima parte da unidade.

Pode-se representar 1 décimo de duas formas:

$$\frac{1}{10} = 0,1$$

Lê-se: **um décimo**.

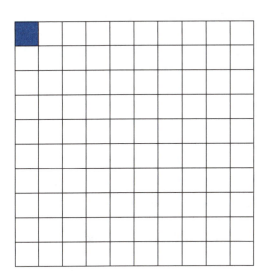

Dividindo-se o quadrado em 100 partes iguais, cada uma é a centésima parte da unidade.

$$\frac{1}{100} = 0,01$$

Lê-se: **um centésimo**.

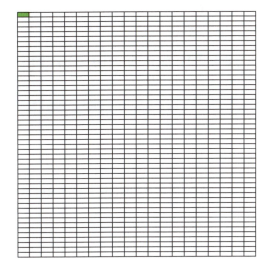

Agora o quadrado foi dividido em 1 000 partes iguais. Cada uma delas é a milésima parte da unidade.

$$\frac{1}{1\,000} = 0,001$$

Lê-se: **um milésimo**.

Veja como representar os números decimais no quadro de ordens.

1 décimo

Parte inteira		Parte não inteira
Dezenas	Unidades	Décimos
D	U	D
	0,	1

1 centésimo

Parte inteira		Parte não inteira	
Dezenas	Unidades	Décimos	Centésimos
D	U	D	C
	0,	0	1

1 milésimo

Parte inteira		Parte não inteira		
Dezenas	Unidades	Décimos	Centésimos	Milésimos
D	U	D	C	M
	0,	0	0	1

As frações com denominadores 10, 100, 1 000, e assim por diante, são chamadas **frações decimais**.

$$\frac{1}{10} \quad \frac{1}{100} \quad \frac{1}{1\,000}$$

Os números que representam frações decimais são chamados **números decimais**.

0,1   0,01   0,001

Representação e leitura

Nos números decimais, a vírgula separa a parte inteira da parte decimal.

Os **décimos** são escritos logo após a vírgula. Eles ocupam a primeira "casa decimal" depois da vírgula. Os **centésimos** ocupam a segunda "casa decimal" depois da vírgula e os **milésimos**, a terceira "casa decimal".

Observe no quadro:

Fração decimal	Número decimal	Leitura
$\frac{2}{10}$	0,2 (parte inteira / parte decimal)	dois décimos
$\frac{275}{10} = 27\frac{5}{10}$	27,5 (parte inteira / parte decimal)	vinte e sete inteiros e cinco décimos
$\frac{142}{100}$	1,42 (parte inteira / parte decimal)	um inteiro e quarenta e dois centésimos
$\frac{139}{1\,000}$	0,139 (parte inteira / parte decimal)	cento e trinta e nove milésimos
$\frac{1\,121}{1\,000}$	1,121 (parte inteira / parte decimal)	um inteiro e cento e vinte e um milésimos

Atividades

1 Escreva o número decimal correspondente a cada figura.

 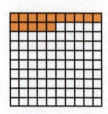 

....

2 Quantos décimos faltam para completar um inteiro?

0,3 + ... = 1   0,1 + ... = 1

3 Observe as seguintes representações:

■ → unidade   ■ → décimo   ■ → centésimo

- Escreva os números decimais representados por:

a) ■ ■■ ■■■ → ....

b) ■ ■■■■■ → ....

c) ■■ ■■■■ → ....

d) ■■■ ■■■■■ → ....

e) ■■■■■■ → ....

Capítulo 10 – Números decimais

4) Usando as figuras do quadro, represente os números decimais abaixo e escreva-os por extenso.

■ → unidade   ■ → décimo   ■ → centésimo

a) 0,5 → .... → ....

b) 7,8 → .... → ....

c) 2,09 → .... → ....

d) 0,08 → .... → ....

5) Observe as figuras.

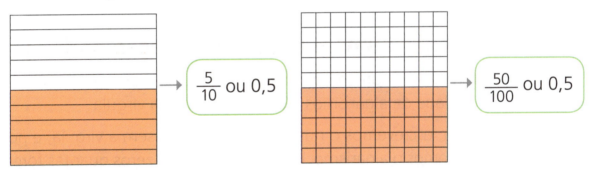

As frações $\frac{5}{10}$ e $\frac{50}{100}$ são equivalentes, ou seja, representam a mesma quantidade.

- Agora compare os números. Use = ou ≠.

a) 2,1 2,10

b) 1,5 1,05

c) 27,20 27,02

d) 8 8,00

e) 15,80 15,8

f) 6,7 6,007

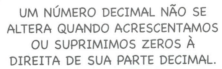

UM NÚMERO DECIMAL NÃO SE ALTERA QUANDO ACRESCENTAMOS OU SUPRIMIMOS ZEROS À DIREITA DE SUA PARTE DECIMAL.

● Transformando fração decimal em número decimal

Para transformar uma fração decimal em número decimal, é necessário verificar a quantidade de zeros que aparece no denominador. Em seguida, basta escrever o numerador da fração, contar da direita para a esquerda tantos algarismos quantos sejam os zeros do denominador e colocar uma vírgula.

$$\frac{35}{10} = 3,5$$

1 zero → 1 algarismo após a vírgula

$$\frac{138}{100} = 1,38$$

2 zeros → 2 algarismos após a vírgula

$$\frac{5}{1\,000} = 0,005$$

3 zeros → 3 algarismos após a vírgula

● Transformando número decimal em fração decimal

Para transformar um número decimal em uma fração decimal, é necessário verificar a quantidade de algarismos que aparece após a vírgula.

No numerador, escrevemos o número dado, porém sem a vírgula, e no denominador escrevemos o algarismo 1 seguido de tantos zeros quantas forem as casas decimais do número dado.

$$4,8 = \frac{48}{10}$$

1 algarismo após a vírgula → 1 zero

$$4,81 = \frac{481}{100}$$

2 algarismos após a vírgula → 2 zeros

$$4,813 = \frac{4\,813}{1\,000}$$

3 algarismos após a vírgula → 3 zeros

Atividades

1 Transforme as frações decimais em números decimais.

a) $\frac{53}{100}$ → ....

b) $\frac{12}{10}$ → ....

c) $\frac{7}{10}$ → ....

d) $\frac{5}{100}$ → ....

e) $\frac{2436}{100}$ → ....

f) $\frac{1786}{1000}$ → ....

g) $\frac{189}{100}$ → ....

h) $\frac{7}{1000}$ → ....

TRANSFORMAR FRAÇÕES DECIMAIS EM NÚMEROS DECIMAIS OU VICE-VERSA NÃO É DIFÍCIL. SÓ PRECISAMOS PRATICAR.

2 Transforme os números decimais em frações decimais.

a) 0,6 → ☐

b) 0,03 → ☐

c) 0,38 → ☐

d) 0,571 → ☐

e) 0,8 → ☐

f) 0,601 → ☐

g) 0,73 → ☐

h) 0,1 → ☐

● Comparação de números decimais

Observe os números decimais e tente descobrir qual é o maior.

Para saber qual é o maior, comparamos as partes inteiras. O maior dos números é o que tem a parte inteira maior. Logo, 5,7 é o maior.

Se a parte inteira dos números for igual, comparamos os algarismos que aparecem após a vírgula. Veja:

6,8 e 6,9

Como 8 é menor que 9, então 6,8 < 6,9.

2,47 e 2,45

Como 7 é maior que 5, então 2,47 > 2,45.

E SE A PARTE INTEIRA FOR IGUAL?

ATENÇÃO! NÃO SE ESQUEÇA DE IGUALAR O NÚMERO DE CASAS DECIMAIS QUANDO NECESSÁRIO!

Por exemplo: 2,9 e 2,87.

É o mesmo que 2,90 e 2,87.

90 é maior que 87, então 2,9 > 2,87.

Atividades

1) Escreva os números em ordem crescente.

5,2 • 1,22 • 1,5
2,3 • 0,15 • 0,015

0,2 • 0,002 • 200
0,02 • 2 • 20

2) Observe no gráfico o número de turistas que entraram no Brasil entre os anos 2000 e 2013.

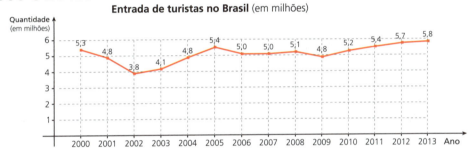

Ministério do Turismo, ano base 2013. Disponível em: <www.dadosefatos.turismo.gov.br/export/sites/default/dadosefatos/anuario/downloads_anuario/Anuario_Estatistico_de_Turismo_-_2014_-_Ano_base_2013.pdf>. Acesso em: 3 out. 2014.

Nos gráficos, os números decimais são usados para abreviar os números naturais e facilitar a leitura. A vírgula indica a unidade de referência (milhão) e as casas depois da vírgula indicam décimos, centésimos, milésimos, e assim por diante.

Em 2008 entraram no Brasil 5,1 milhões de turistas.

5,1 milhões = 5 milhões + 1 décimo de milhão = 5 100 000

○ Responda às questões sem usar números decimais.

a) Em que ano entraram mais turistas no Brasil? Quantos?

b) Quantos turistas entraram no Brasil em 2001 a mais que em 2002?

c) Em 2003, o Brasil recebeu 4,1 milhões de turistas. Quantos turistas recebeu a mais 10 anos depois?

Operações com números decimais

Adição

Luciana adicionou 5 décimos a 3 décimos. Que soma ela obteve?

0,5 + 0,3

```
  0, 5
+ 0, 3
------
  0, 8
```

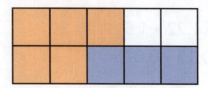

Luciana obteve 0,8, ou seja, 8 décimos como soma.

Se for necessário igualar as casas decimais, acrescentamos zeros a elas.

1,7 + 0,64

```
  1, 7 0
+ 0, 6 4
--------
  2, 3 4
```

Subtração

Depois da festa, sobrou 0,7 de um pudim. Em seguida, Guto ainda comeu 0,3 desse pudim. Quanto restou?

0,7 − 0,3

```
  0, 7
− 0, 3
------
  0, 4
```

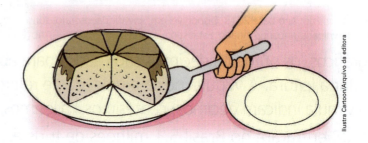

Restou 0,4 do pudim.

> Para adicionar ou subtrair números decimais, escrevemos os números colocando vírgula embaixo de vírgula. Então efetuamos a operação e, no resultado, mantemos a vírgula na mesma posição.

Se for necessário igualar as casas decimais, acrescentamos zeros a elas.

4 − 0,7

```
  4, 0
− 0, 7
------
  3, 3
```

Atividades

1 Efetue as operações a seguir. Se necessário, iguale as casas decimais.

a) $0,2$
   $+0,07$

b) $4,5$
   $+1,15$

c) $0,237$
   $+0,120$

d) $27,36$
   $-3,36$

e) 64
   $-7,125$

f) 9
   $+0,28$

g) 12
   $+2,8$

h) $0,9$
   $-0,34$

i) 4
   $-1,5$

j) $12,1$
   $-7,45$

SE NECESSÁRIO, IGUALE AS CASAS DECIMAIS.

2 Arme e efetue as adições e as subtrações no caderno e escreva os resultados.

a) 3,7 + 0,3 = _____

b) 0,5 + 2,42 = _____

c) 13,29 − 9,470 = _____

d) 12,15 − 0,1 = _____

e) 2 + 0,578 = _____

f) 4,02 − 0,38 = _____

g) 12 + 4,3 = _____

h) 0,8 − 0,19 = _____

● **Desafio!**

Responda rapidamente:

Se 0,7 da superfície da Terra são cobertos por água, quantos décimos dessa superfície não são cobertos por água?

_____

Ler, refletir e resolver

1 As anotações indicam o consumo de álcool do carro de Luís. Se ele começar a se locomover usando apenas bicicleta, quanto de álcool economizará em um mês?

1ª semana	36,5 litros
2ª semana	24,62 litros
3ª semana	30 litros
4ª semana	28,52 litros

2 Observe a tabela e responda.

Os estados brasileiros com maior população (em milhões de pessoas)

1º → 44,0	2º → 20,7	3º → 16,4	4º → 15,1	5º → 11,2
São Paulo	Minas Gerais	Rio de Janeiro	Bahia	Rio Grande do Sul

IBGE. Disponível em: <www.ibge.gov.br/estadosat/index.php>. Acesso em: 3 out. 2014.

a) Quantas pessoas vivem a mais em São Paulo que em Minas Gerais?

b) No Rio Grande do Sul, quantas pessoas vivem a menos que no estado com maior população?

c) Quantas pessoas vivem a mais no Rio de Janeiro que na Bahia?

3 Num salto triplo, Lígia pulou 3,02 metros, depois mais 3,7 metros e, por último, 2,715 metros. Qual a distância do salto de Lígia?

Multiplicação

Dona Elza gastou 1,55 m de tecido para fazer uma saia. De quantos metros de tecido ela precisará para fazer 4 saias?

1 saia ⟶ 1,55 m   4 × 1,55

Ilustra Cartoon/Arquivo da editora

Podemos resolver o problema de duas maneiras: pela adição ou pela multiplicação.

$$4 \times 1{,}55 = 1{,}55 + 1{,}55 + 1{,}55 + 1{,}55 = 6{,}20 \text{ m}$$
$$4 \times 1{,}55 = 4 \times \frac{155}{100} = \frac{4 \times 155}{100} = \frac{620}{100} = 6{,}20 \text{ m}$$

Dona Elza precisará de 6,20 metros de tecido para fazer 4 saias.

o Armando as operações, temos:

adição	multiplicação
1,5 5 1,5 5 1,5 5 + 1,5 5 ──── 6,2 0	1,5 5 → 2 casas decimais × 4 ──── 6,2 0 → 2 casas decimais

Para multiplicar números decimais, deve-se proceder assim:

1º Multiplicar os números como se fossem inteiros.

2º Contar quantas casas decimais existem nos dois fatores (multiplicando e multiplicador) e somá-las.

3º No produto, contar da direita para a esquerda esse número de casas decimais e incluir nesse local uma vírgula. No produto deve haver o mesmo número de casas decimais que nos dois fatores.

Veja os exemplos:

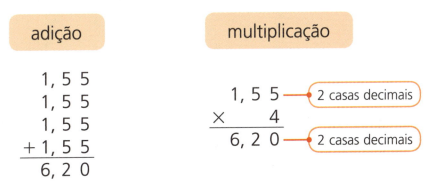

● **Ler, refletir e resolver**

1 Tenho R$ 525,43 depositados em caderneta de poupança. Meu irmão tem o quíntuplo dessa quantia em sua caderneta. Quanto ele tem guardado?

....

2 Num restaurante, são consumidos 65 sacos de feijão em um mês. Como todos os meses havia desperdício de 0,2 dessa quantia, o dono do restaurante decidiu doar o feijão que sobrava. Quantos sacos de feijão foram doados em um mês?

....

3 De um rolo de barbante de 50 metros, retirei 9 pedaços de 4,25 metros. Quantos metros de barbante sobraram no rolo?

....

4 A piscina do clube onde Bianca pratica natação tem 22,5 metros de comprimento. Ontem, ela cruzou a piscina 6 vezes. Quantos metros Bianca nadou?

....

Multiplicação por 10, 100 ou 1000

Observe estas três multiplicações.

- $2,35 \times 10$

```
    2,3 5  → 2 casas decimais
×     1 0
   23,50   → 2 casas decimais
```

$10 \times 2,35 = 23,5$

Para multiplicar por 10, deslocamos a vírgula do fator uma casa para a direita.

- $1,235 \times 100$

```
    1,2 3 5  → 3 casas decimais
×     1 0 0
   123,500   → 3 casas decimais
```

$100 \times 1,235 = 123,5$

Para multiplicar por 100, deslocamos a vírgula do fator duas casas para a direita.

- $1,235 \times 1000$

```
     1,2 3 5  → 3 casas decimais
×      1 0 0 0
    1235,000  → 3 casas decimais
```

$1000 \times 1,235 = 1235$

Para multiplicar por 1000, deslocamos a vírgula do fator três casas para a direita.

Assim, concluímos que:

Para multiplicar um número decimal por 10, 100 ou 1000, basta deslocar a vírgula uma, duas ou três casas para a direita, respectivamente. Não é preciso armar a conta.

Atividades

1 Calcule, aplicando a regra prática.

a) 10 × 3,18 =

b) 100 × 5,06 =

c) 1 000 × 0,34 =

d) 100 × 2,968 =

e) 1 000 × 8,1 =

f) 10 × 0,43 =

g) 10 × 1,12 =

h) 100 × 0,05 =

2 Responda.

a) Marli é confeiteira e utiliza 3,5 xícaras de açúcar em cada bolo que faz. Quantas xícaras de açúcar ela terá usado ao fazer o centésimo bolo?

b) Uma pista de corrida tem 105,2 metros. Se eu der 10 voltas na pista, quantos metros terei corrido?

● Divisão

Davi quer dividir 9 barras de chocolate entre 2 colegas, de forma que ambos recebam a mesma quantidade.

$9 \div 2 = 4$ e sobrou 1

Davi transformou a barra de chocolate que sobrou em décimos e dividiu-os igualmente entre os 2 colegas.

Assim, cada colega recebeu 4 barras **inteiras** e 5 **décimos**.

```
  9  | 2
1 0    4, 5
  0
```

Divisão de decimal por inteiro

Observe:

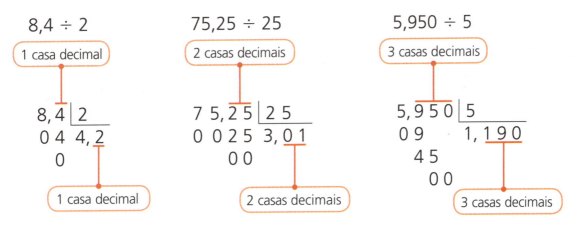

Para dividir um número decimal por um número inteiro, efetua-se a divisão como se ambos fossem inteiros.

Depois, inclui-se no quociente uma vírgula separando a parte inteira e a parte decimal, de forma que haja o mesmo número de casas decimais do dividendo.

Divisão de inteiro por decimal

Observe:

$$93 \div 1,5$$

```
9 3,0 | 1,5
0 3 0   6 2
  0 0
```

$$333 \div 0,09$$

```
3 3 3,0 0 | 0,09
    6 3     3 7 0 0
    0 0 0
```

Para dividir um número inteiro por um número decimal:

1º Igualar as casas decimais do dividendo e do divisor acrescentando-se tantos zeros quantos forem necessários.

2º Cortar as vírgulas.

3º Resolver a divisão.

Divisão de decimal por decimal

$$4,8 \div 0,20$$

```
4,8 0 | 0,2 0
0 8 0   2 4
  0 0
```

$$8,1 \div 0,9$$

```
8,1 | 0,9
0 9
```

Para dividir um número decimal por outro, deve-se igualar as casas decimais do dividendo e do divisor e proceder da mesma maneira que na divisão de inteiro por decimal.

Divisão de inteiro por inteiro com aproximação no quociente

- Aproximação de décimos

$$8 \div 5$$

```
8,0 | 5
3 0   1,6
0 0
```

- Aproximação de centésimos

$$2 \div 50$$

```
2,0 0 | 5 0
0 0     0,0 4
```

- Aproximação de milésimos

$$1 \div 8$$

```
1,0 0 0 | 8
  2 0     0,1 2 5
  4 0
    0
```

Para obter um quociente com aproximação de décimos, centésimos ou milésimos, acrescentamos uma, duas ou três casas decimais, respectivamente, ao dividendo.

Atividades

1) Efetue as divisões abaixo.

a) 6,4 | 2

b) 1,5 | 5

c) 0,72 | 9

d) 25 | 0,5

e) 0,36 | 3

f) 32 | 0,2

g) 9 | 0,18

h) 18 | 0,15

i) 9,6 | 3

j) 2,8 | 7

k) 0,63 | 7

l) 5,6 | 8

m) 27 | 0,9

n) 45 | 0,9

o) 48 | 0,6

p) 64 | 0,08

2 Arme e efetue as operações a seguir.

a) divisões com aproximação de décimos;

2 | 4   1 6 | 5   1 4 | 4

b) divisões com aproximação de centésimos;

4 | 2 5   1 | 5 0   1 4 | 8

c) divisões com aproximação de milésimos.

2 5 | 6   4 1 | 7   7 5 | 1 6

3 Efetue as divisões a seguir.

a) 7,4 | 1,85   **c)** 0,84 | 0,21   **e)** 9,6 | 1,6

b) 58,38 | 9,73   **d)** 44,5 | 8,9   **f)** 16,5 | 2,75

Ler, refletir e resolver

1 Flávio e Ana vão de bicicleta para o trabalho. Flávio mora a 18,6 quilômetros do trabalho e Ana, a metade dessa distância. Quantos quilômetros Ana tem de pedalar para ir trabalhar?

....

2 Dona Lurdes usa 0,5 metro de tecido para confeccionar um vestido de boneca. Ela comprou uma peça de tecido com 22,5 metros. Quantos vestidos ela conseguiu fazer?

....

3 Natália pagou R$ 40,50 por 4,5 quilos de carne. Qual é o preço de 5 quilos?

....

4 Dênis pagou R$ 2,00 por 8 bombons. Qual é o preço de cada bombom?

....

Conversão de fração ordinária em número decimal

O traço da fração ordinária indica divisão. Portanto, para transformar uma fração ordinária em um número decimal, divide-se o numerador pelo denominador.

$$\frac{1}{4} \rightarrow 1 \div 4 = 0{,}25$$

```
1,0  |4
 20  0,25
  0
```

$$\frac{3}{4} \rightarrow 3 \div 4 = 0{,}75$$

```
3,0  |4
 20  0,75
  0
```

Divisão por 10, 100 ou 1000

Observe:

25,9 ÷ 10 = 2,59

25,9 ÷ 100 = 0,259

25,9 ÷ 1 000 = 0,0259

Para dividir um número decimal por 10, 100 ou 1 000, deslocamos a vírgula do produto para a esquerda tantas casas quantos forem os zeros do divisor.

Saiba mais

Média aritmética

Dos Jogos Olímpicos de 2000, 2004, 2008 e 2012 participaram em média 247 atletas brasileiros. Observe a tabela.

Ano	2000	2004	2008	2012
Atletas brasileiros	205	247	277	259

Comitê Olímpico Brasileiro. Disponível em: <www.cob.org.br/brasil_jogos/home.asp>. Acesso em: 27 out. 2014.

Para calcular a média aritmética, temos de somar o número de atletas participantes e dividir a soma pelo total de participações, no caso 4.

$$\text{Média} = \frac{205 + 247 + 277 + 259}{4} = \frac{988}{4} = 247$$

Atividades

1) Converta em números decimais.

a) $\frac{2}{5} =$ _____

b) $\frac{12}{8} =$ _____

c) $\frac{8}{5} =$ _____

d) $\frac{3}{6} =$ _____

e) $\frac{9}{2} =$ _____

f) $\frac{11}{4} =$ _____

2) Calcule.

a) $75,4 \div 10 =$ _____

b) $302,2 \div 1\,000 =$ _____

c) $45,8 \div 100 =$ _____

d) $2 \div 10 =$ _____

e) $330 \div 100 =$ _____

f) $228 \div 100 =$ _____

3) Calcule mentalmente.

Os pais de Ana Paula encomendaram 500 coxinhas para o aniversário da filha. O salão de festa tem 10 mesas e cada uma receberá o mesmo número de salgadinhos. Quantas coxinhas haverá em cada mesa?

_____

4) Observe o valor da conta de energia elétrica da família de Inês.

Janeiro	Fevereiro	Março	Abril	Maio	Junho
R$ 125,00	R$ 138,00	R$ 102,00	R$ 117,00	R$ 123,00	R$ 118,00

Qual é a média dos gastos da família de Inês no primeiro semestre do ano?

_____

Ideias em ação

Frações e números decimais

● **Jogo com números racionais**

Material necessário

- folha do **Caderno de ideias em ação**
- tesoura sem pontas
- régua
- calculadora (uma por grupo)

Nesta Unidade, você estudou os números racionais na forma de frações e de números decimais.

Em grupos de quatro alunos, vocês vão confeccionar um jogo envolvendo esse aprendizado. Usem a folha do **Caderno de ideias em ação**.

- Usando a régua, recortem 28 retângulos (cartas) por grupo, cada um deles de 4 cm por 6 cm.
- Em cada carta escrevam um dos seguintes números:

Regras do jogo

- As cartas devem ser embaralhadas e dispostas sobre a mesa de cabeça para baixo.
- Cada jogador retira uma carta.
- Todos os jogadores comparam os valores de suas cartas.
- Aquele que tiver a maior carta pega as quatro cartas para si. Se dois jogadores tiverem cartas com números iguais dividem o conjunto.

Se houver dúvida sobre qual é a maior carta, usem a calculadora.

Atenção: se você dividir o numerador de uma fração pelo denominador, obterá o número decimal equivalente à fração.

- Quando acabarem as cartas, aquele que possuir o maior número de cartas será o vencedor.
- Agora que o jogo terminou, as cartas devem ser dispostas em ordem crescente de valor, ou seja, do menor para o maior.

Escreva, no espaço abaixo, os mesmos números em ordem crescente, usando os sinais < ou =.

$3 = \dfrac{15}{5}$

Comparem com outro grupo como os números foram dispostos em ordem crescente.

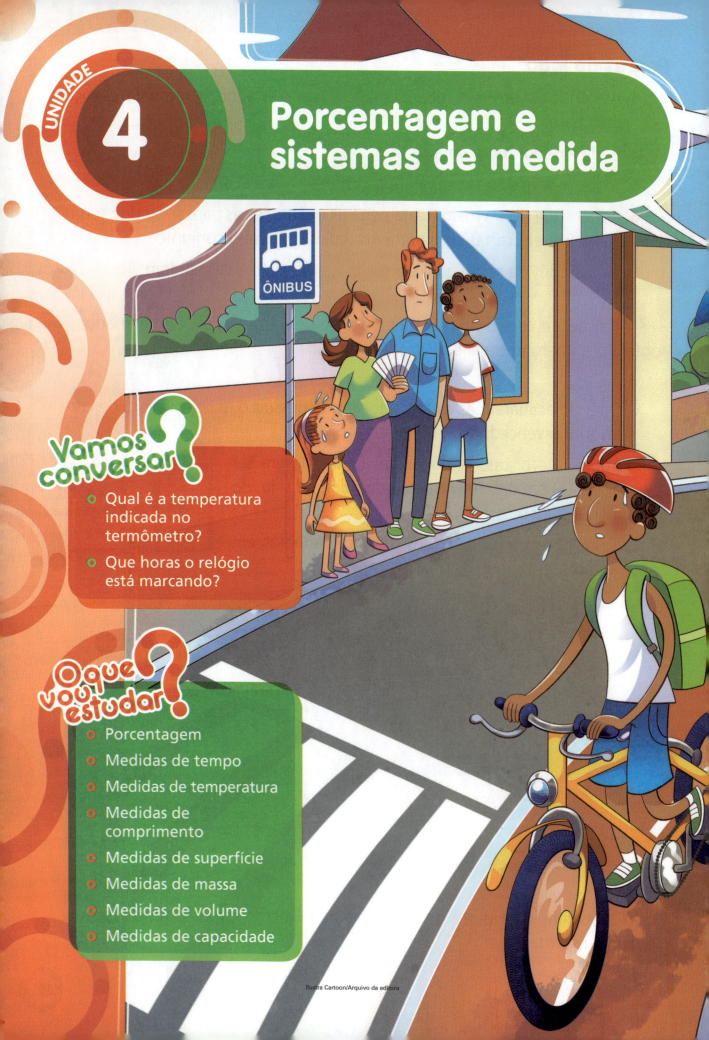

UNIDADE 4
Porcentagem e sistemas de medida

Vamos conversar?
- Qual é a temperatura indicada no termômetro?
- Que horas o relógio está marcando?

O que vou estudar?
- Porcentagem
- Medidas de tempo
- Medidas de temperatura
- Medidas de comprimento
- Medidas de superfície
- Medidas de massa
- Medidas de volume
- Medidas de capacidade

Ilustra Cartoon/Arquivo da editora

Capítulo 11 — Porcentagem

● Noção de porcentagem

Você sabe o que significa 20%?

E o símbolo %, o que significa?

> O símbolo % quer dizer **por cento**. Significa que o inteiro foi dividido em 100 partes iguais.

A comparação com 100, ou porcentagem, é usada em muitas situações. Exemplos: apresentação de resultados de pesquisas, comparação de salários e verificação de diferenças de preços.

○ Dona Ana vende em sua loja muitos lápis coloridos. Ontem, ela vendeu 100 lápis.

Dos 100 lápis vendidos, **40 por cento** era vermelho.

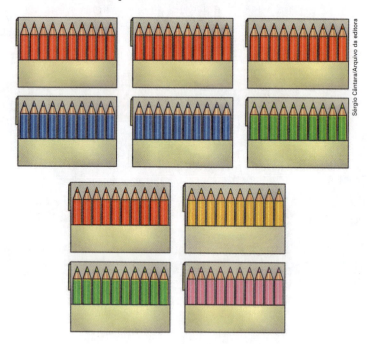

A fração que representa os lápis vermelhos pode ser indicada por:

$\frac{40}{100} = 0{,}40 = 40\%$

Lê-se: **quarenta por cento**.

Atividades

1 Qual é a porcentagem representada pela parte colorida em cada figura?

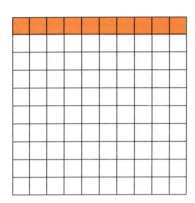 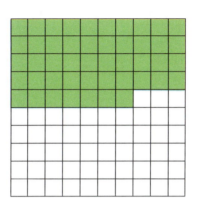 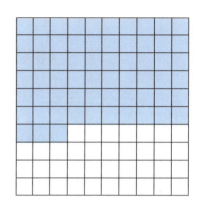

2 Pinte cada figura para representar as porcentagens indicadas.

50%   25%

3 Represente as frações como porcentagens.

a) $\dfrac{36}{100} =$ ....

b) $\dfrac{9}{100} =$ ....

c) $\dfrac{52}{100} =$ ....

d) $\dfrac{98}{100} =$ ....

e) $\dfrac{1}{100} =$ ....

f) $\dfrac{73}{100} =$ ....

● Cálculo de porcentagem

Você já aprendeu que 40%, $\frac{40}{100}$ e 0,40 são equivalentes.

Por isso, para calcular uma porcentagem podemos transformá-la em um de seus equivalentes: fração decimal ou número decimal.

Veja como fazer o cálculo transformando a porcentagem em fração decimal:

40% de 100

$\frac{40}{100} \times \frac{100}{1} =$

$= \frac{4\,000}{100} = 40$

40% de 200

$\frac{40}{100} \times \frac{200}{1} =$

$= \frac{8\,000}{100} = 80$

40% de 300

$\frac{40}{100} \times \frac{300}{1} =$

$= \frac{12\,000}{100} = 120$

Para calcular a porcentagem de um número qualquer, pode-se transformá-la em fração decimal e multiplicá-la por esse número.

Veja como fazer o cálculo transformando a porcentagem em número decimal:

40% de 100

$0{,}40 \times 100 = 40$

40% de 200

$0{,}40 \times 200 = 80$

40% de 300

$0{,}40 \times 300 = 120$

Para calcular a porcentagem de um número qualquer, pode-se transformá-la em número decimal e multiplicá-la por esse número.

Cálculo mental de porcentagem

Com algumas porcentagens, pode ser prático fazer o cálculo mentalmente.

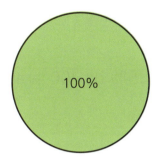 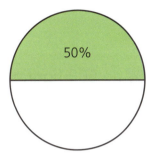

100% do círculo é o círculo todo.   A metade de 100% é 50%.

Por isso, para calcular 50% de um total, basta dividi-lo por 2.

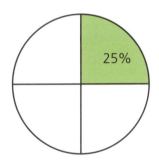 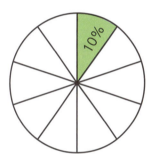

A quarta parte de 100% é 25%. Assim, para calcular 25% de um total, basta dividi-lo por 4.   A décima parte de 100% é 10%. Para calcular 10% de um total, basta dividi-lo por 10.

Então, calculamos assim:

PARA SABER QUANTO É 50% DE 100 BALAS, FAÇO 100 ÷ 2 = 50, OU SEJA, 50 BALAS.

25% DE 120 PIRULITOS É 120 ÷ 4 = 30. ISSO DÁ 30 PIRULITOS.

Atividades

1) Calcule.

a) 20% de 500 figurinhas

b) 60% de R$ 800,00

c) 5% de R$ 600,00

d) 35% de 400 laranjas

e) 38% de R$ 500,00

f) 75% de 800 atletas

2) Calcule mentalmente e complete.

15% de 400

10% de 400 = _____

5% de 400 = _____

15% de 400 = _____

35% de 900

30% de 900 = _____

5% de 900 = _____

35% de 900 = _____

Ler, refletir e resolver

1) Na turma de Cláudia há 36 alunos. Em uma conversa sobre esportes, a professora descobriu que 50% da turma pratica futebol e apenas 25% praticam natação.

a) Quantos alunos praticam futebol? ....

b) Quantos alunos praticam natação? ....

2) A prefeitura de um município do Maranhão fez uma pesquisa para saber a opinião dos habitantes sobre a administração do prefeito. Foram consultadas 3 000 pessoas.

Veja no gráfico o resultado da enquete:

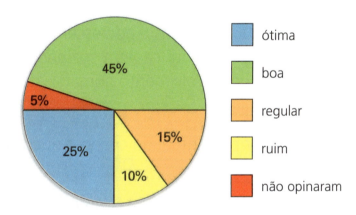

a) Quantas pessoas acharam a administração do prefeito:

- ótima? ....
- boa? ....
- regular? ....
- ruim? ....

b) Quantas pessoas não opinaram? ....

c) Pelo resultado da pesquisa, como você classifica a atuação desse prefeito?

....

3) Observe o mapa apresentado a seguir.

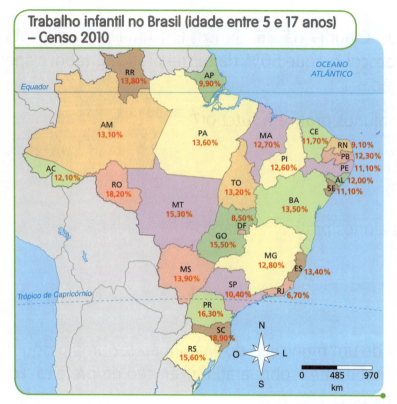

Fonte: Instituto Brasileiro de Geografia e Estatística. Disponível em: <http://censo2010.ibge.gov.br/apps/trabalhoinfantil/>. Acesso em: 6 out. 2014.

No Brasil, há cerca de 3 500 000 crianças e adolescentes entre 5 e 17 anos que trabalham. O trabalho infantil nunca vem sozinho, ele se reflete em outros indicadores, como de desenvolvimento humano, de educação básica e de pobreza.

a) Em que estado há o maior percentual de crianças que trabalham?

b) Em que estado há o menor número de crianças que trabalham?

c) Segundo o mapa, qual é o percentual de crianças que trabalham no estado onde você mora?

d) Você concorda que uma criança trabalhe? Discuta com seus colegas.

Observando e registrando

Leia o texto e observe os gráficos.

Política de resíduos: "Faltam recursos estaduais e federais", diz especialista.

Segundo o Panorama dos Resíduos Sólidos no Brasil 2013, feito pela Associação Brasileira de Empresas de Limpeza Pública e Resíduos Especiais (Abralpe), publicado em agosto de 2014, o país registra a presença de lixões em todos os estados e cerca de 60% dos municípios brasileiros ainda encaminham seus resíduos para locais inadequados. [...]

Segundo o relatório da Abralpe, a geração total de resíduos sólidos urbanos (RSU) no Brasil em 2013 foi de 76 387 200 toneladas, o que representa um aumento de 4,1%, índice que é superior à taxa de crescimento populacional no país no período, que foi de 3,7%. Isso vai justamente contra o princípio da lei federal, que quer incentivar "adoção de padrões sustentáveis de produção e consumo de bens e serviços".

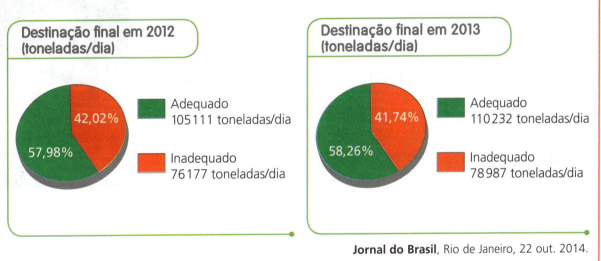

Jornal do Brasil, Rio de Janeiro, 22 out. 2014.

1 A destinação final dos resíduos sólidos urbanos está de acordo com a lei federal? Qual é o princípio da lei?

2 De acordo com os gráficos, houve melhoria na destinação final de RSU coletada no Brasil entre 2012 e 2013? Qual a porcentagem?

● Probabilidade

No futebol, os juízes lançam uma moeda no ar para que as equipes façam a escolha do lado do campo em que começarão o jogo e para que saibam qual delas dará início à partida.

A escolha determinada pelo lançamento da moeda é justa, já que só há possibilidade de saírem dois resultados: "cara" ou "coroa". Logo, as duas equipes têm as mesmas chances.

A chance de algo acontecer é chamada **probabilidade**.

 cara
1 em 2
$\frac{1}{2}$ ou 50%

 coroa
1 em 2
$\frac{1}{2}$ ou 50%

Se jogarmos um dado, qual é a chance de saírem os números 1, 2, 3, 4, 5 ou 6?

Como o dado tem 6 lados, sempre que o jogarmos, a probabilidade de sair um desses números é de $\frac{1}{6}$.

Agora é a sua vez de calcular a probabilidade:

Marcela colocou 4 cartões azuis, 2 vermelhos, 3 amarelos e 1 verde dentro de um saco.

○ Quantos cartões há no saco? _____

○ Qual é a chance de ser sorteado um cartão amarelo? _____

○ Que cartão apresenta a maior chance de ser sorteado? Qual é a chance?

_____

Matemática e diversão

A brincadeira é...

Sortear o bombom preferido e levar todos do pote.

Conte quantos bombons de cada cor há no pote. Depois escreva qual a chance de cada criança.

Quem tem a maior chance de levar todos os bombons?

....

O tema é...
Consumo consciente

Quem é o consumidor consciente?

O consumidor consciente é aquele que leva em conta, ao escolher os produtos que compra, o meio ambiente, a saúde humana e animal, as relações justas de trabalho, além de questões como preço e marca.

Texto disponível em: <www.mma.gov.br/responsabilidade-socioambiental/producao-e-consumo-sustentavel/consumo-consciente-de-embalagem/quem-e-o-consumidor-consciente>.
Acesso em: 20 out. 2014.

Converse sobre itens considerados importantes para o consumo consciente:

- ✓ Produtos a ser comprados
- ✓ Produtos menos prejudiciais ao meio ambiente
- ✓ A saúde humana
- ✓ A saúde animal
- ✓ As relações justas de trabalho
- ✓ O preço
- ✓ A marca

Consumidor consciente também é aquele que compra apenas o que é necessário e útil sem fazer desperdícios. Ele evita comprar produtos que apenas satisfazem desejos momentâneos. Usar o dinheiro com responsabilidade é planejar os gastos e prever se eles "cabem" no orçamento.

Atualmente, são muito comuns as compras a prazo ou em parcelas. Elas podem ser vantajosas em alguns casos, mas muitas vezes são aplicados juros sobre o valor à vista e acaba-se pagando mais caro.

Calcule o valor total de cada mercadoria.

Agora calcule o preço de cada produto se fosse pago à vista com 20% de desconto.

Se o comprador ficar sem dinheiro e não puder pagar as parcelas futuras, ele ficará devendo e sua dívida aumentará, pois são calculadas porcentagens sobre os valores pagos com atraso.

Compartilhe com os colegas:

- O valor que vocês obtiveram nas compras a prazo.
- O que vale mais a pena: comprar a prazo ou poupar para poder comprar à vista?
- Você recebe mesada? Como planeja os seus gastos?

Capítulo 12 — Medidas de tempo

● Unidade fundamental: o segundo

O relógio mede o tempo em horas, minutos e segundos.

O segundo é a unidade fundamental das medidas de tempo.

1 hora tem 60 minutos.   1 h → 60 min
1 minuto tem 60 segundos.   1 min → 60 s

Como as unidades de tempo não pertencem ao sistema decimal, não se usa vírgula para escrever as horas, os minutos e os segundos.

5h 20min 40s   7h 45min

1 Faça a conversão das unidades de tempo.

a) 15 min ⟶ .... segundos

b) 3 h ⟶ .... minutos

c) 1 h 10 min ⟶ .... segundos

2 Os relógios indicam as horas de início e de término da aula de futebol de Lívia. Quanto tempo dura a aula de Lívia?

início — término

....

....

....

3 Complete o quadro abaixo.

Número de horas	12			
Fração do dia		$\frac{1}{3}$	$\frac{2}{3}$	$\frac{3}{4}$

4 Pense em sua rotina. O que você costuma fazer de manhã, à tarde e à noite? Escolha algumas de suas atividades diárias e preencha o quadro a seguir.

Hora de início	Hora de término	Atividade

Outras medidas de tempo

A Terra demora 24 horas, ou 1 dia, para dar uma volta completa em torno de si mesma.

24 h → 1 dia

A Terra também gira ao redor do Sol. Uma volta completa demora 365 dias e 6 horas.

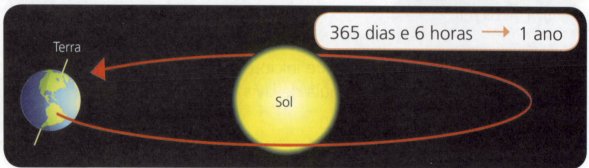

365 dias e 6 horas → 1 ano

Na contagem dos dias do ano, as 6 horas não são consideradas. Portanto, diz-se que o ano tem 365 dias. Chamamos esse período de **ano civil**.

O ano civil está dividido em 12 meses.

Para compensar as 6 horas desconsideradas, de 4 em 4 anos elas são reunidas e o mês de fevereiro ganha um dia a mais. É o chamado **ano bissexto**, que tem 366 dias.

Então: 1 ano → 12 meses → 365 ou 366 dias

No comércio, considera-se o mês com 30 dias e o ano com 360 dias. Eles correspondem ao mês comercial e ao ano comercial.

Há também outras unidades de medidas de tempo, como semana, bimestre, século e milênio.

Agora circule apenas os anos bissextos:

1992   1995

2000   1980

1975   1960

1930   2004

PARA SABER SE UM ANO É BISSEXTO, BASTA DIVIDI-LO POR 4. SE A DIVISÃO FOR EXATA, O ANO É BISSEXTO.

Capítulo 13 — Medidas de temperatura

O termômetro marca –3 °C em São Joaquim (SC).

O instrumento usado para medir a temperatura é o **termômetro**.

● Unidade fundamental: o grau Celsius

A unidade de medida de temperatura é o grau Celsius.

Essa medida é representada assim: °C.

Diariamente, os jornais impressos e os programas de rádio e televisão mostram a previsão do tempo e as temperaturas máximas e mínimas para o Brasil e o mundo.

Atividades

1) Observe no mapa as temperaturas previstas para as capitais dos estados brasileiros no dia 9 de outubro de 2014.

Centro de Previsão de Tempo e Estudos Climáticos (CPTEC). Disponível em: <www.cptec.inpe.br>. Acesso em: 9 out. 2014.

a) Quais foram as temperaturas máxima e mínima previstas para a capital do Brasil? ....

b) Qual é a temperatura máxima prevista para Manaus? ....

c) Em que capital a temperatura máxima prevista foi a maior?

....

d) Qual a diferença entre as temperaturas máxima e mínima previstas para esse dia no Recife? ....

e) Quais foram as temperaturas máxima e mínima previstas para a capital do estado onde você mora? ....

Capítulo 13 – Medidas de temperatura

2 Observando o mapa da página anterior, complete a tabela em seu caderno com os dados da região onde você mora.

Capital	Temperatura máxima	Temperatura mínima

Observando e registrando

Observe na tabela a seguir as temperaturas máximas e mínimas, em graus Celsius, previstas para as cidades de Belo Horizonte, Campo Grande e Fortaleza, no período de 14 a 18 de outubro de 2014.

Previsão	14 out.	15 out.	16 out.	17 out.	18 out.
Belo Horizonte	35/20	36/21	33/20	34/18	35/19
Campo Grande	40/22	38/24	37/23	38/23	38/23
Fortaleza	32/24	34/25	34/25	34/25	33/24

Climatempo. Disponível em: <www.climatempo.com.br/brasil.php>. Acesso em: 14 out. 2014.

Com base na tabela acima, responda.

a) Qual a temperatura mínima prevista para o dia 14 de outubro em Fortaleza? E a máxima?

b) Segundo a previsão, que cidade teria a maior temperatura no dia 18 de outubro?

c) Que dia(s) apresenta(m) a previsão de menor temperatura? Em qual(is) cidade(s)?

- Continue a construir o gráfico de linhas para mostrar as temperaturas máximas e mínimas previstas para a capital cearense, Fortaleza, no período de 14 a 18 de outubro de 2014.

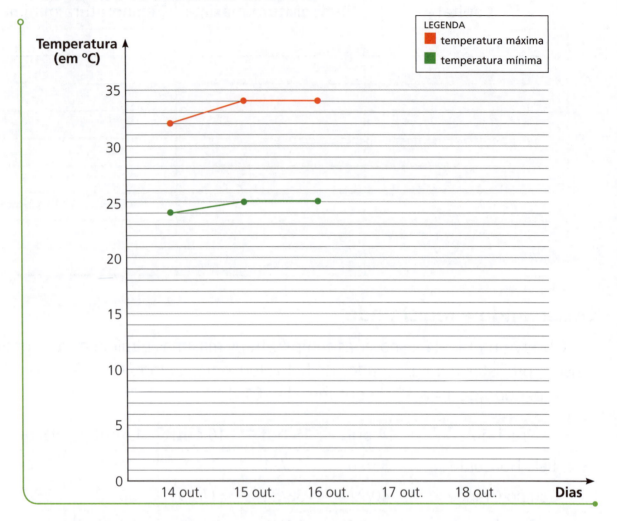

- Agora observe o gráfico que você acabou de construir e responda.

    a) Qual foi a menor temperatura máxima no período pesquisado?

    ....

    b) Em que dia(s) a temperatura máxima prevista era a mesma?

    ....

    c) Em que dia(s) a temperatura mínima prevista era de 24 °C?

    ....

    d) Qual é a variação da temperatura mínima no período pesquisado?

    ....

Capítulo 14 — Medidas de comprimento

● Unidade fundamental: o metro

Durante muito tempo, as pessoas usaram partes do corpo para medir comprimentos.

Qual teria sido o maior problema no uso dessas medidas?

Observe a figura acima.

Como as pessoas têm as partes do corpo de tamanhos variados, as medidas encontradas também eram diferentes.

Com o passar do tempo, criou-se um sistema único de medida, o **sistema métrico decimal**, cuja unidade fundamental é o **metro**.

Veja alguns instrumentos usados para medir comprimentos:

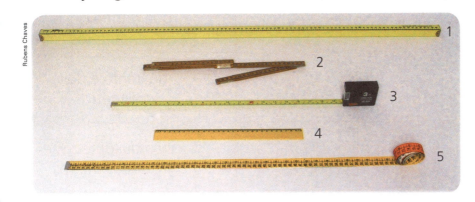

1. metro rígido ou metro de lojas de tecido
2. metro articulado ou metro de pedreiro
3. trena
4. régua graduada
5. fita métrica ou metro de costureira

● Múltiplos e submúltiplos do metro

Há unidades maiores que o metro, empregadas para medir grandes comprimentos. São os múltiplos do metro. Há também unidades menores, usadas para medir pequenos comprimentos. São os submúltiplos do metro.

Observe o quadro:

Múltiplos	quilômetro	km	1 000 m
	hectômetro	hm	100 m
	decâmetro	dam	10 m
Unidade fundamental	metro	m	1 m
Submúltiplos	decímetro	dm	0,1 m
	centímetro	cm	0,01 m
	milímetro	mm	0,001 m

(× 10 entre cada linha)

Representação e leitura

Usamos números decimais na representação das medidas de comprimento:

- A parte inteira representa a medida indicada.
- A parte decimal representa unidades menores e recebe o nome da unidade ocupada pelo último algarismo.

Observe o quadro:

Medida de comprimento	Unidades							Como se lê
	km	hm	dam	m	dm	cm	mm	
6,45 m				6,	4	5		seis metros e quarenta e cinco centímetros
0,042 m				0,	0	4	2	quarenta e dois milímetros
5,300 km	5,	3	0	0				cinco quilômetros e trezentos metros

Capítulo 14 – Medidas de comprimento

Atividades

1) Escreva a unidade de medida mais adequada.

Para medir	Unidade adequada
a largura da sala de aula	
o comprimento de seu braço	
a distância entre duas cidades	

2) Complete as frases com os valores apresentados no quadro.

> 15 mm   12 500 km   2 m   80 cm

a) A porta da sala de aula tem largura de _____.

b) Uma abelha mede cerca de _____.

c) A maioria dos jogadores de basquete ultrapassa os _____ de altura.

d) O diâmetro da Terra é de mais de _____.

3) Com a régua, meça os segmentos.

a) $\overline{AB}$ mede _____ cm ou _____ mm.

b) $\overline{CD}$ mede _____ cm ou _____ m.

4) Escreva, no quadro, as medidas em números decimais. Não se esqueça da vírgula.

	km	hm	dam	m	dm	cm	mm
quarenta e três metros e oito centímetros							
duzentos e oito metros e cinco decímetros							
quinze metros e vinte e um milímetros							
nove quilômetros e dezoito metros							

Mudanças de unidade

As unidades de medida de comprimento variam de 10 em 10. Para transformar as unidades de medida, usamos uma regra prática. Veja o esquema a seguir:

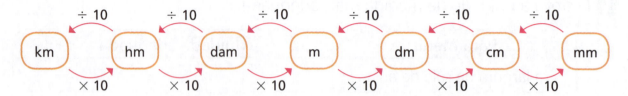

Veja como transformar centímetros em milímetros cm ⟶ mm.

1 cm = 10 × 1 mm
1 cm = 10 mm
1 × 10

○ Transformar 1,39 cm em mm:

1,39 cm = ■ mm

1,39 × 10 → 1,39 × 10 = 13,9

1,39 cm = 13,9 mm

> Para transformar uma unidade de medida na unidade imediatamente à sua direita, deve-se multiplicar seu valor por 10.

Veja outro exemplo, agora com mm ⟶ cm :

10 mm = 1 cm
1 mm = 1 cm ÷ 10
1 mm = $\frac{1}{10}$ cm
1 ÷ 10

○ Transformar 5 mm em cm:

5 mm = ■ cm

5 ÷ 10 → $5 \div 10 = \frac{5}{10} = 0{,}5$

5 mm = 0,5 cm

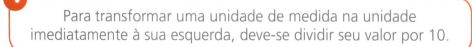

> Para transformar uma unidade de medida na unidade imediatamente à sua esquerda, deve-se dividir seu valor por 10.

1) Transforme as medidas nas unidades indicadas.

a) 4,1 m = ... = ... mm

b) 10,3 km = ... = ... m

c) 1,021 km = ... = ... cm

d) 13 dm = ... = ... cm

e) 300 mm = ... = ... cm

f) 8 300 m = ... = ... km

g) 660 cm = ... = ... m

2) Este mapa está desenhado na escala 1:160. Isso significa que cada 1 cm corresponde a 160 km da medida real.

Com a régua, meça as distâncias entre as capitais. Depois, com base nas medidas, calcule, em quilômetros, a distância aproximada entre elas:

a) Fortaleza-Natal ⟶ ....

b) João Pessoa-Recife ⟶ ....

c) Teresina-Fortaleza ⟶ ....

d) Aracaju-Maceió ⟶ ....

e) João Pessoa-Maceió ⟶ ....

Ideia de perímetro

Para colocar uma moldura em um quadro é preciso saber a medida de seu contorno.

A medida de um contorno chama-se **perímetro (P)**.

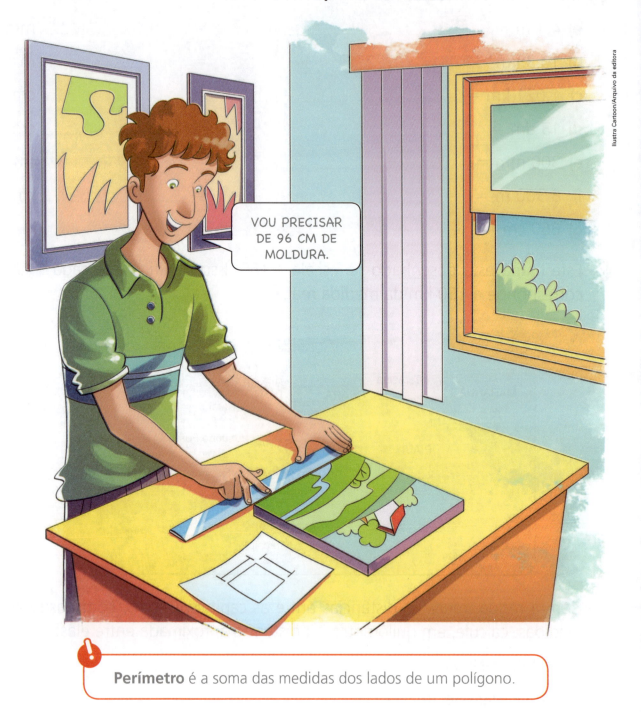

Perímetro é a soma das medidas dos lados de um polígono.

Como você pode ver na figura acima, se o quadro de Danilo tem o formato de um quadrado, ou seja, os quatro lados são iguais, cada lado deve medir 24 cm.

Assim, 24 cm × 4 lados = 96 cm. Portanto, serão necessários 96 cm para emoldurar o quadro.

Atividades

1 Calcule o perímetro dos polígonos.

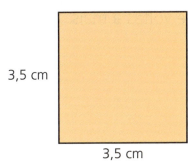
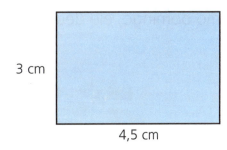

2 Meça com a régua os lados dos polígonos e calcule o perímetro.

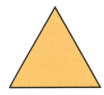

Ler, refletir e resolver

Faça em seu caderno

1 Qual é o perímetro de uma quadra de vôlei que tem 18 m de comprimento e cuja largura corresponde a $\frac{3}{6}$ do comprimento?

2 Quanto mede cada lado de um quarto quadrado cujo perímetro é de 6 m?

3) Foi feita uma cerca com 3 voltas de arame em torno de um canteiro quadrado de 2,5 m de lado. Quantos metros de arame foram gastos?

4) Um ciclista treina diariamente dando 12 voltas em um circuito de 1,87 km. No último domingo, ele deu $\frac{1}{3}$ do número de voltas a mais.

a) Quantos quilômetros o ciclista costuma percorrer diariamente?

b) Quantos metros ele pedalou no último domingo?

5) A distância entre duas cidades é de aproximadamente 560 km. Viajando de carro, com a velocidade média de 80 km por hora, quanto tempo Luís levará para fazer o percurso?

6) Pedro vai utilizar $\frac{3}{4}$ de um rolo de tecido de 24 m. Quanto ele gastará se o metro de tecido custa R$ 1,50?

7) Uma estrada de 400 km está sendo pavimentada. Já estão prontos $\frac{3}{5}$ dela. Quantos metros ainda falta pavimentar?

8) Quanto pagarei por 250 cm de corda, se o metro custa R$ 0,20?

Capítulo 15 — Medidas de superfície

Área é a medida de uma superfície.

● Unidade fundamental: o metro quadrado

A unidade fundamental das medidas de superfície é o **metro quadrado**, cujo símbolo é m^2.

O metro quadrado é a medida de superfície que corresponde à área de um quadrado de 1 metro de lado.

● Múltiplos e submúltiplos do metro quadrado

Dependendo da superfície a ser medida, podemos usar múltiplos e submúltiplos do metro quadrado.

Para medir grandes superfícies, o mais usado é o quilômetro quadrado, que representa uma região determinada por um quadrado com lados de 1 quilômetro. Ele é empregado para medir a superfície de um município, de um estado ou de um país, por exemplo.

Para superfícies pequenas, a medida mais usada é o centímetro quadrado, que representa uma região determinada por um quadrado com lados de 1 centímetro.

Brasil

Medida de superfície: 8 515 767 km²

Fonte: <www.ibge.gov.br/home/geociencias/cartografia/default_territ_area.shtm>. Acesso em: 14 out. 2014.

Veja no quadro os múltiplos e submúltiplos do metro quadrado:

	Unidade	Símbolo	Valor em metro
Múltiplos	quilômetro quadrado	km²	1 000 000 m²
	hectômetro quadrado	hm²	10 000 m²
	decâmetro quadrado	dam²	100 m²
Unidade fundamental	metro quadrado	m²	1 m²
Submúltiplos	decímetro quadrado	dm²	0,01 m²
	centímetro quadrado	cm²	0,0001 m²
	milímetro quadrado	mm²	0,000001 m²

Atividades

1 Observe a ilustração e complete o texto com as palavras abaixo.

> medida   superfície
> área   superfície

Tales está colocando quadradinhos de papel colorido sobre a _____ da capa de seu livro. A _____ total dessa _____ chama-se _____.

2 Observe a superfície aproximada de alguns dos maiores países do mundo.

- Responda às questões.

   a) Qual dos países tem a maior área? De quanto é essa área?

   _____

   b) Qual dos países tem a menor área? De quanto é essa área?

   _____

   c) Em qual dos países você mora? Qual é a área dele?

   _____

Mudanças de unidade

As unidades de superfície variam de 100 em 100. Cada unidade é 100 vezes maior que a unidade imediatamente inferior da lista.

km²	hm²	dam²	m²	dm²	cm²	mm²
1 km² = 100 hm²	1 hm² = 100 dam²	1 dam² = 100 m²	1 m² = 100 dm²	1 dm² = 100 cm²	1 cm² = 100 mm²	

PARA TRANSFORMAR UNIDADES DE MEDIDA, MULTIPLICAMOS OU DIVIDIMOS POR 100. POR EXEMPLO, 1 km² = 100 hm².

Exemplos de mudança de unidade:

1 m² = 100 dm²
1 × 100

- Transformar 3,8 m² em dm²:

  3,8 m² = ■ dm²
  3,8 × 100 → 3,8 × 100 = 380
  3,8 m² = 380 dm²

100 m² = 1 dam²
1 m² = $\frac{1}{100}$ dam²
1 ÷ 100

- Transformar 119,4 m² em dam²:

  119,4 m² = ■ dam²
  119,4 ÷ 100 → 119,4 ÷ 100 = 1,194
  119,4 m² = 1,194 dam²

Veja outros exemplos:

6 km² = 6 000 000 m²
×100 ×100 ×100

45 cm² = 0,0045 m²
÷100 ÷100

Capítulo 15 – Medidas de superfície

Atividades

1 Transforme as medidas em metros quadrados.

a) 530,08 dm² = ...

b) 7,21 km² = ...

c) 531 000 mm² = ...

d) 71 400 000 mm² = ...

2 Faça as transformações pedidas.

a) 400 mm² ⟶ .... cm²

b) 66,15 m² ⟶ .... cm²

c) 553 200 mm² ⟶ .... dm²

d) 128 dm² ⟶ .... dam²

e) 500 cm² ⟶ .... m²

f) 1,15 cm² ⟶ .... mm²

3 Escreva por extenso.

a) 18 dm² ⟶ ....

b) 402 m² ⟶ ....

c) 83 km² ⟶ ....

d) 120 mm² ⟶ ....

e) 750 cm² ⟶ ....

Áreas de figuras planas

Área do quadrado

Vamos calcular a área deste quadrado:

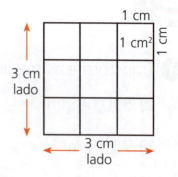

Observe que ele está dividido em 9 quadradinhos iguais, cada um deles com lado de 1 cm. Cada quadradinho tem, portanto, 1 cm² de área.

Como são 9 quadradinhos, a área do quadrado é:

$$9 \times 1 \text{ cm}^2 = 9 \text{ cm}^2$$

Veja que o quadrado tem 3 cm de lado. Multiplicando-se a medida de um lado pela medida do outro, temos:

$$3 \text{ cm} \times 3 \text{ cm} = 9 \text{ cm}^2$$

Assim, para calcular a área de um quadrado, multiplica-se a medida de um lado pela medida do outro.

Área □ = lado × lado   ou   A □ = l × l

Área do retângulo

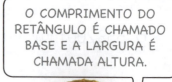

O COMPRIMENTO DO RETÂNGULO É CHAMADO BASE E A LARGURA É CHAMADA ALTURA.

Vamos calcular a área deste retângulo:

Veja que ele está dividido em 8 quadradinhos, cada um deles com lado de 1 cm, ou seja, com 1 cm² de área.

Como são 8 quadradinhos, a área do retângulo é:

$$8 \times 1 \text{ cm}^2 = 8 \text{ cm}^2$$

Observe que o retângulo tem 4 cm de comprimento (base) e 2 cm de largura (altura). Multiplicando-se a medida da base pela medida da altura, temos:

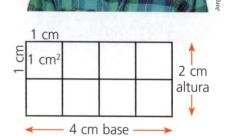

$$4 \text{ cm} \times 2 \text{ cm} = 8 \text{ cm}^2$$

Assim, para calcular a área de um retângulo, multiplica-se a medida da base pela medida da altura.

Área □ = base × altura   ou   A □ = b × h

Capítulo 15 – Medidas de superfície

① Na malha quadriculada abaixo, cada quadrinho tem 1 cm² de área. Qual é a área das figuras desenhadas nessa malha?

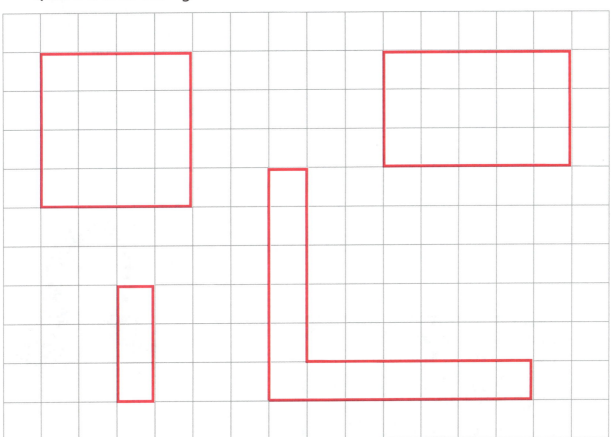

A = _____   A = _____

A = _____   A = _____

2 Calcule a área das figuras.

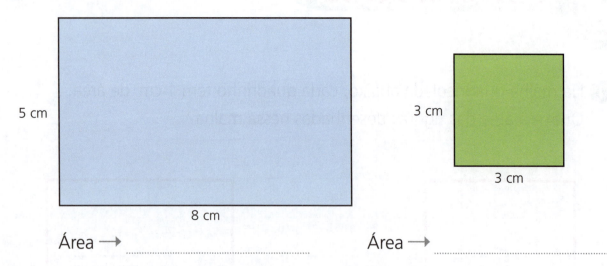

Área → ....   Área → ....

3 Observe a figura e responda.

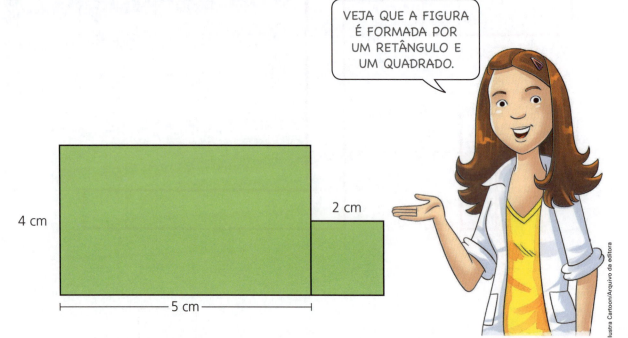

VEJA QUE A FIGURA É FORMADA POR UM RETÂNGULO E UM QUADRADO.

a) Qual é a área do retângulo?

....

b) Qual é a área do quadrado?

....

c) Qual é a área da figura toda?

....

4 Observe a planta do apartamento abaixo.

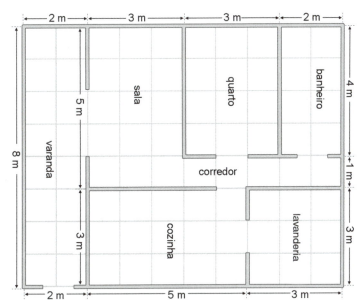

a) Calcule as áreas.

- varanda: _____
- sala: _____
- quarto: _____
- banheiro: _____
- corredor: _____
- lavanderia: _____
- cozinha: _____
- área total: _____

b) Para colocar pisos nesse apartamento foram compradas lajotas de R$ 12,00 o metro quadrado. O pedreiro cobra R$ 20,00 por metro quadrado colocado. Qual será a despesa total na colocação do piso?

Área do paralelogramo

Veja o paralelogramo ABCD:

Vamos recortar o triângulo AED e deslocá-lo para o outro lado:

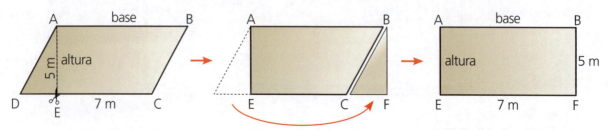

Obtemos, então, o retângulo ABFE, que tem a mesma área do paralelogramo.

área do retângulo = área do paralelogramo

A = medida da base × medida da altura   ou   A = b × h

Área do triângulo

Observe as figuras:

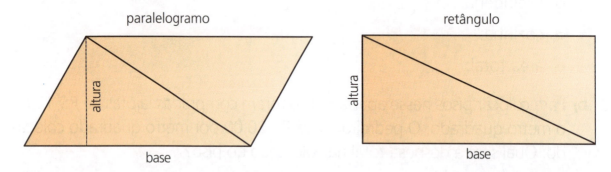

Note que a metade de um paralelogramo ou a metade de um retângulo forma um triângulo.

Assim, a área do triângulo é igual à área do retângulo dividida por 2. Ou seja, é o produto da medida da base pela medida da altura dividido por 2.

$$A = \frac{\text{medida da base} \times \text{medida da altura}}{2} \quad \text{ou} \quad A = \frac{b \times h}{2}$$

Ler, refletir e resolver

1 O quarto de Rosa tem o formato de um quadrado de 4,5 m de lado. Qual é a área do quarto?

2 A empresa de Antônio vai colaborar com o reflorestamento. Ele doou árvores para serem plantadas em um terreno retangular de 1 km de comprimento e 450 m de largura. Qual é a área desse terreno, em metros quadrados?

3 José é jardineiro. Ele preparou um canteiro triangular de 2 m de base e 1,5 m de altura para plantar rosas. Qual é a área desse canteiro?

4 Uma quadra de vôlei tem 162 m² de área e 9 m de largura. Qual é o comprimento dessa quadra?

Capítulo 16 — Medidas de massa

● Unidade fundamental: o grama

Quando pesamos alguma coisa, estamos medindo sua massa, ou seja, a quantidade de matéria existente.

O instrumento usado para fazer essa medição é a balança.

A unidade fundamental para medir a massa de um corpo é o **grama**.

● Múltiplos e submúltiplos do grama

Veja o quadro de unidades construído a partir do grama:

Múltiplos			Unidade fundamental	Submúltiplos		
quilograma kg	hectograma hg	decagrama dag	grama g	decigrama dg	centigrama cg	miligrama mg
1 000 g	100 g	10 g	1 g	0,1 g	0,01 g	0,001 g

O **quilograma**, ou simplesmente **quilo**, é o múltiplo do grama mais usado no dia a dia. O **miligrama** é o submúltiplo mais empregado, principalmente pelas indústrias química e farmacêutica.

Para grandes quantidades de massa, usa-se a **tonelada (t)**, que corresponde a 1 000 quilogramas.

Em alguns casos, como na pesagem do gado para a comercialização, utiliza-se a **arroba**, que corresponde a 15 quilogramas.

Representação e leitura

kg	hg	dag	g	dg	cg	mg	
9,	5	0	0				9 quilogramas e 500 gramas
		8	5,	2	0	0	85 gramas e 200 miligramas

A REPRESENTAÇÃO E A LEITURA DAS UNIDADES DE MASSA SÃO FEITAS DO MESMO MODO QUE NAS MEDIDAS DE COMPRIMENTO.

MAHATHIR MOHD YASIN/Shutterstock/Glow Images

Atividades

1 Complete usando os símbolos **kg**, **g** ou **mg**.

a) Renato pesa 58 ....

b) Um passarinho pesa aproximadamente 25 ....

c) Uma galinha pesa aproximadamente 3 ....

d) Um comprimido pesa aproximadamente 2 ....

2 Escreva por extenso.

a) 3,641 kg ⟶ ....

b) 4,227 g ⟶ ....

c) 20 t ⟶ ....

3 Pesquise o preço dos seguintes produtos:

1 kg de arroz	1 kg de farinha	1 kg de açúcar
R$	R$	R$

Agora resolva no caderno e complete.

a) Se 1 kg de arroz custa ...., 2 kg custam .... e meio quilo custa ....

b) Se 1 kg de farinha custa ...., 4 kg custam .... e 4,5 kg custam ....

c) Se 1 kg de açúcar custa ...., 3,5 kg custam .... e 10 kg custam ....

Mudanças de unidade

Observe a lista das unidades usadas para medir massa:

1 kg = 10 hg
1 kg = 100 dag
1 kg = 1 000 g

kg	hg	dag	g	dg	cg	mg
1 kg = 10 hg	1 hg = 10 dag	1 dag = 10 g	1 g = 10 dg	1 dg = 10 cg	1 cg = 10 mg	

 O quilograma é 10 vezes maior que o hectograma, que é 10 vezes maior que o decagrama, e assim por diante.

- Para transformar 5 kg em g:

    5 kg = 5 × 1 000 = 5 000 g

- Para transformar 350 g em kg:

    350 g = 350 ÷ 1 000 = 0,350 kg

FAZEMOS COMO NAS MEDIDAS DE COMPRIMENTO.

Agora, assinale **V** se for verdadeiro ou **F** se for falso:

a) ( ) 1 kg = 1 000 g

b) ( ) 400 kg = 4 t

c) ( ) 0,52 kg = 520 g

d) ( ) 7 kg ≠ 70 g

e) ( ) 1 kg = 4 × 250 g

f) ( ) 2,8 kg ≠ 28 g

g) ( ) 3,5 kg = 350 g

h) ( ) 2 t = 2 000 kg

Ler, refletir e resolver

1) Um caminhão transportou 4,2 t de material reciclável. No primeiro posto de reciclagem, foi entregue a terça parte da carga e, no segundo, o restante. Quantos quilogramas de carga foram entregues no segundo posto?

2) Uma arroba de carne custa R$ 120,00. Quanto custa 1 kg?

3) Um quilograma de queijo custa R$ 14,00. Marcos comprou 250 g desse queijo. Quanto Marcos pagou?

4) Subi em uma balança usando tênis e ela marcou 54,37 kg. Tirei os tênis e me pesei de novo. Dessa vez a balança marcou 53,42 kg. Quanto pesam os tênis?

Capítulo 17
Medidas de volume

Quando a usina hidrelétrica de Itaipu – que fica na fronteira do Brasil com o Paraguai – foi projetada, houve a necessidade de realizar uma estimativa do volume de água a ser represado.

A usina hidrelétrica de Campos Novos, localizada em Santa Catarina, é uma das mais altas do mundo. Levou cinco anos para ficar pronta e alagou quase 26 km².

Unidade fundamental: o metro cúbico

Você já tentou medir o espaço que um objeto ocupa?

Veja as crianças fazendo isso.

Volume de um objeto é a medida do espaço que ele ocupa. Para calcular o espaço ocupado, precisamos de uma unidade de medida.

A unidade fundamental das medidas de volume é o **metro cúbico**, que se abrevia **m³**.

Metro cúbico é o volume de um cubo que tem 1 metro de aresta.

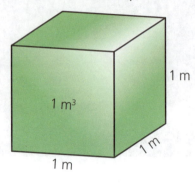

$1\,m \times 1\,m \times 1\,m = 1\,m^3$ → 1 metro cúbico

● Múltiplos e submúltiplos do metro cúbico

Há outras unidades de medida de volume. São os múltiplos e os submúltiplos do metro cúbico.

	Unidade	Símbolo	Valor em metro
Múltiplos	quilômetro cúbico	km³	1 000 000 000 m³
	hectômetro cúbico	hm³	1 000 000 m³
	decâmetro cúbico	dam³	1 000 m³
Unidade fundamental	metro cúbico	m³	1 m³
Submúltiplos	decímetro cúbico	dm³	0,001 m³
	centímetro cúbico	cm³	0,000 001 m³
	milímetro cúbico	mm³	0,000 000 001 m³

Dessas unidades, as mais usadas são:

- m³ **metro cúbico**, usado para medir grandes volumes.

- dm³ **decímetro cúbico**, equivalente a 1 litro, usado para medir volumes de um recipiente, como uma garrafa.

- cm³ **centímetro cúbico**, usado para medir pequenos volumes, como o de uma ampola de injeção.

Mudanças de unidade

As unidades das medidas de volume variam de 1 000 em 1 000, isto é, cada unidade é 1 000 vezes maior que a unidade imediatamente inferior.

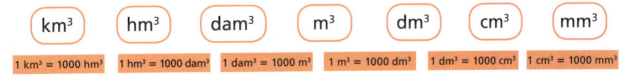

- Para transformar 15 m³ em dm³:

  15 m³ = 15 × 1 000 = 15 000 dm³

- Para transformar 1 214 dm³ em m³:

  1 214 dm³ = 1 214 ÷ 1 000 = 1,214 m³

Atividades

1 Escreva por extenso.

a) 1 500 km³ ⟶ ....

b) 91 m³ ⟶ ....

c) 11 dm³ ⟶ ....

d) 56 mm³ ⟶ ....

2 Indique qual unidade, m³, dm³ ou cm³, é a mais adequada para medir o volume dos seguintes recipientes:

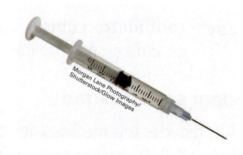

3 Passe as medidas para as unidades indicadas.

a) 4 dam³ = ... = ... m³

b) 11 cm³ = ... = ... m³

c) 1,5 km³ = ... = ... m³

d) 6 dm³ = ... = ... m³

Volume de figuras espaciais

Volume do cubo

Quantos cubos de 1 cm³ são necessários para ocupar todo o espaço deste cubo?

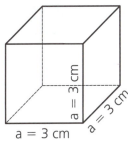

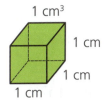

Um centímetro cúbico é o espaço ocupado por um cubo de 1 cm de aresta.

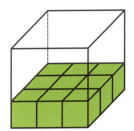

Observe que, em cada camada, cabem 9 cubos de 1 cm³, ou seja, 9 cm³. Portanto:

$$9 \text{ cm}^3 + 9 \text{ cm}^3 + 9 \text{ cm}^3 = 27 \text{ cm}^3$$

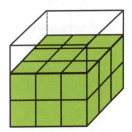

Assim, são necessários 27 cubos de 1 cm³ para preencher todo o espaço do cubo de 3 cm de aresta, ou seja, o volume desse cubo é 27 cm³.

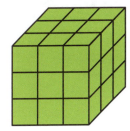

Essa medida também pode ser obtida efetuando-se:

$$3 \text{ cm} \times 3 \text{ cm} \times 3 \text{ cm} = 27 \text{ cm}^3$$

volume do cubo = medida da aresta × medida da aresta × medida da aresta

Volume do paralelepípedo

Imagine um paralelepípedo com as seguintes dimensões:

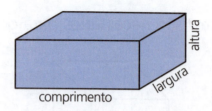

comprimento: 5 cm

largura: 3 cm

altura: 2 cm

Quantos cubos de 1 cm³ cabem dentro desse paralelepípedo?

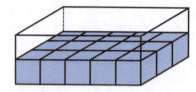

Em cada uma das camadas cabem 15 cubos de 1 cm³. Então, nas duas camadas cabem 30 cubos, ou seja, 15 cm³ + 15 cm³ = 30 cm³. Portanto, seu volume é de 30 cm³.

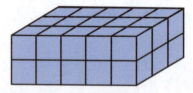

Essa medida também pode ser obtida efetuando-se:

V = 5 cm × 3 cm × 2 cm = 30 cm³

volume do paralelepípedo = medida do comprimento × medida da largura × medida da altura

Atividades

1 Calcule o volume deste cubo em centímetros cúbicos:

2 Calcule o volume destes paralelepípedos:

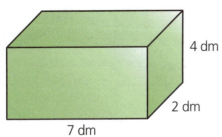 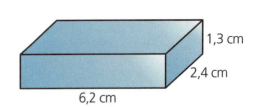

3 Observe as dimensões do aquário. Calcule o volume, em decímetros cúbicos, de água contido em $\frac{2}{3}$ desse aquário.

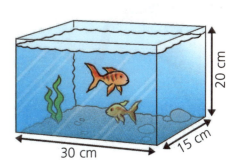

4 Observe as dimensões do vaso e calcule o volume de terra que ele comporta em metros cúbicos.

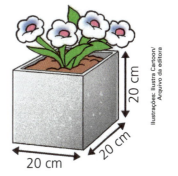

Capítulo 18 — Medidas de capacidade

● Unidade fundamental: o litro

A quantidade de líquido que cabe em um recipiente determina sua **capacidade**. Portanto, o volume de água que cabe em uma garrafa é a sua capacidade.

Para medir a capacidade de um recipiente, usamos o **litro**.

O litro é a unidade fundamental das medidas de capacidade e é simbolizado pela letra L (em maiúsculo).

● Múltiplos e submúltiplos do litro

Existem outras unidades de medida de capacidade. São os múltiplos e os submúltiplos do litro:

	Unidade	Símbolo	Valor em litros
Múltiplos	quilolitro	kL	1 000 L
	hectolitro	hL	100 L
	decalitro	daL	10 L
Unidade fundamental	litro	L	1 L
Submúltiplos	decilitro	dL	0,1 L
	centilitro	cL	0,01 L
	mililitro	mL	0,001 L

Além do litro, o **mililitro** também é uma unidade de medida bastante usada.

Mudanças de unidade

As unidades de medida de capacidade variam de 10 em 10, isto é, cada unidade é 10 vezes maior que a unidade imediatamente inferior.

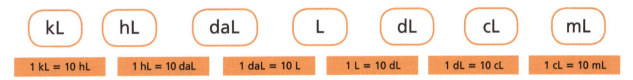

- Para transformar 5,385 L em mL:

  5,385 L = 5,385 × 1 000 = 5 385 mL

- Para transformar 47,5 mL em L:

  47,5 mL = 47,5 ÷ 1 000 = 0,0475 L

Atividades

1 Siga o exemplo.

a) dois mililitros ⟶ 2 mL

b) cento e quinze centilitros ⟶ ....

c) vinte e cinco litros ⟶ ....

d) novecentos e dois mililitros ⟶ ....

2 Escreva por extenso a capacidade de cada recipiente.

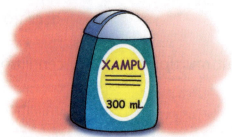

3 Passe as medidas para as unidades indicadas.

a) 0,02 L ⟶ .... mL

b) 15,1 mL ⟶ L

c) 325 mL ⟶ L

d) 4,5 L ⟶ .... dL

e) 0,195 L ⟶ .... mL

f) 135,6 cL ⟶ L

g) 30 mL ⟶ L

h) 1,3 L ⟶ .... mL

Saiba mais

Relação entre medidas de volume e medidas de capacidade

A relação entre as medidas de capacidade e de volume pode ser resumida assim:

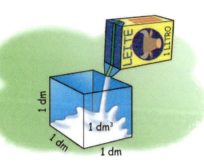

1 L ocupa 1 dm³ de volume

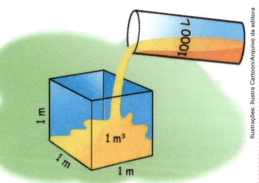

1 000 L ocupam 1 m³ de volume

Como você aprendeu, 1 m = 10 dm.

$$1\ m^3 = 1\ m \times 1\ m \times 1\ m,\ ou$$
$$1\ m^3 = 10\ dm \times 10\ dm \times 10\ dm$$

Então, $1\ m^3 = 1\ 000\ dm^3$

$1\ m^3 = 1\ 000\ L$

○ Agora transforme as medidas abaixo em litros:

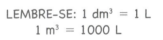

LEMBRE-SE: $1\ dm^3 = 1\ L$
$1\ m^3 = 1\ 000\ L$

a) $8,7\ dm^3 =$ ......

b) $6\ m^3 =$ ......

c) $15,7\ m^3 =$ ......

d) $5,91\ m^3 =$ ......

e) $0,8\ m^3 =$ ......

f) $10\ dm^3 =$ ......

Ler, refletir e resolver

1) Foram gastos $\frac{2}{5}$ de uma caixa-d'água com capacidade para 5 000 L. Quantos litros de água ainda há na caixa?

2) Para distribuir 2 760 L de suco, quantas garrafas de 300 mL são necessárias?

3) Há 720 mL de leite em uma garrafa de 1 L. Quantos milímetros faltam para a garrafa ficar cheia?

4) Um pintor já utilizou 40% dos 20 litros de tinta que havia em um balde. Quantos mililitros de tinta ainda restam no balde?

5 Qual é a capacidade, em litros, de uma piscina que tem 14 m de comprimento, 8 m de largura e 2 m de profundidade?

6 Na entrada do prédio de Rogério, há um grande aquário com 90 cm de comprimento, 40 cm de largura e 50 cm de altura. Quantos litros de água serão necessários para enchê-lo até $\frac{4}{5}$ de sua capacidade?

7 Em um banho de 15 minutos são gastos, aproximadamente, 144 dm³ de água. Quantos litros de água serão economizados se o tempo do banho for de 10 minutos?

8 Quantos litros de água ainda restam em uma cisterna que mede 4 m de comprimento, 3 m de largura e 2 m de profundidade? Já foram gastos 20% de sua capacidade.

Ideias em ação

Medidas de tempo

● **A evolução das bolas de futebol**

Material necessário

- figura do **Caderno de ideias em ação**
- tesoura sem pontas
- fita adesiva transparente

Você vai construir um sólido chamado icosaedro (sólido de 20 faces) truncado, recortando e unindo as partes da figura do **Caderno de ideias em ação**.

Copas (ano)	Bolas	
1930 1934 1938		Feitas de painel de couro duro costuradas à mão. Dentro era colocada uma bexiga de borracha dura. A bola era inflada por uma fenda de 15 cm, com a costura feita pelo lado de fora.
1950 1954 1958 1962		Tintas e outros materiais sintéticos eram usados no revestimento para diminuir a absorção da água. Um tipo de válvula substituiu a fenda para inflar a bola. Tinha 12 painéis, com as bordas mais arredondadas em formato de T duplo.
1970 1974 1978 1982		Começou a ser usado o couro sintético. Tem 20 hexágonos e 12 pentágonos brancos e pretos.

1986 1990		Primeira bola de poliuretano resistente à água. Ganhou desenhos em alusão à arquitetura e murais astecas.
1994 1998		Recebeu uma camada de espuma de poliestireno que, além de torná-la impermeável, fazia com que ganhasse mais velocidade ao ser chutada.
2002		Ganhou camada interna de espuma sintética.
2010		Tinha seis painéis moldados esfericamente.
2014		Tem seis painéis e é revestida por uma textura que proporciona melhores aderência, estabilidade e aerodinâmica.

Folha de S.Paulo, 15 fev. 2014, p.12.

Compare as semelhanças e as diferenças entre o sólido que você construiu e a bola de futebol usada nas copas de 1970 a 2002.

Glossário

Algarismo:

Sinal utilizado para representar um número. Os algarismos que usamos chamam-se indo-arábicos porque foram criados na Índia e aperfeiçoados pelos árabes.

Ângulo:

Figura formada pelo afastamento entre duas semirretas que têm um ponto comum.

A medida de um ângulo é expressa em graus.

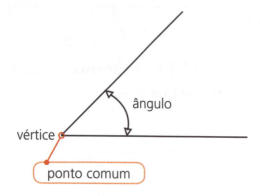

Arredondamento:

Uma maneira de fazer aproximação.

ARREDONDANDO 1341 PARA A DEZENA MAIS PRÓXIMA, TEMOS 1340.

Arroba:

Medida de massa igual a 15 kg.

Círculo:

Figura formada por uma circunferência e todos os pontos de seu interior.

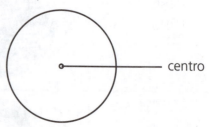

Circunferência:

Linha fechada que traçamos com um compasso.

Estimativa:

Cálculo feito para obter um valor aproximado.

Expressão numérica:

Sucessão de operações numéricas apenas indicadas, mas não efetuadas.

Fração:

Número que indica uma ou mais partes de um inteiro (uma unidade; um todo) que foi dividido em partes iguais. A fração indica quantas dessas partes são consideradas. Escrevemos as frações com dois números: o denominador e o numerador. O denominador indica em quantas partes o todo foi dividido. O numerador indica quantas partes do todo são consideradas.

VOU COMER $\frac{3}{5}$ DOS BOMBONS, OU SEJA, 6 BOMBONS.

Gráfico:

Representação de informação por meio de figuras, facilitando seu entendimento.

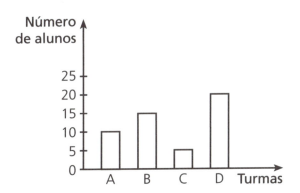

Medidas de capacidade:

Para medir a capacidade, ou seja, a quantidade de líquido que cabe em um recipiente, usamos uma unidade fundamental chamada litro. Símbolo: L.

Medidas de comprimento:

Para medir comprimentos, utilizamos uma unidade fundamental chamada metro. Símbolo: m.

O metro pode ser dividido em 100 partes iguais. Cada uma dessas partes recebe o nome de centímetro. Símbolo: cm.

Medidas de massa:

Para medir a massa (peso) utilizamos uma unidade fundamental chamada grama. Símbolo: g.

Existem outras unidades derivadas do grama, como o quilograma (ou quilo). Símbolo: kg.

Medidas de superfície:

Para medir uma superfície, utilizamos uma unidade fundamental chamada metro quadrado, equivalente à área de um quadrado com 1 metro de lado. Símbolo: m^2.

Medidas de tempo:

Ano, mês, dia, hora (h), minuto (min), segundo (s) são medidas de tempo.

Medidas de volume:

Para medir volume, utilizamos uma unidade fundamental chamada metro cúbico, equivalente ao volume de um cubo com 1 metro de aresta. Símbolo: m^3.

Milésimo:

Dividindo-se uma unidade em 1 000 partes iguais, cada parte é um milésimo dessa unidade.

Múltiplo comum:

Um número que é múltiplo de dois ou mais números é múltiplo comum desses números.

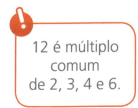

12 é múltiplo comum de 2, 3, 4 e 6.

Número decimais:

Também chamados números com vírgula. Para expressar uma medida, geralmente usamos números decimais.

Glossário

Números mistos:

São números que misturam a escrita dos números naturais com a das frações.

$3\frac{1}{5}$ significa 3 inteiros + $\frac{1}{5}$.

Números ordinais:

Números que indicam ordem. Exemplo: primeiro, segundo, décimo.

Números primos:

Números divisíveis apenas pela unidade e por eles mesmos.

Ordem:

Lugar ocupado por um algarismo em um número.

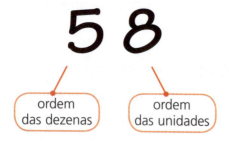

Perímetro:

Medida do contorno de uma figura geométrica plana.

Poliedro:

Figura geométrica espacial cuja superfície é formada por polígonos, que são suas faces.

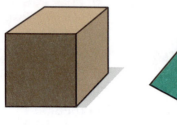 

Polígono:

Linha fechada simples formada somente por segmentos de reta.

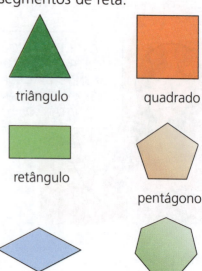

triângulo quadrado

retângulo

pentágono

losango hexágono

Porcentagem:

Porção de um total de 100 partes.

$10\% = \frac{10}{100}$

10% de R$ 30,00 = R$ 3,00

Potência:

Produto de fatores iguais.
2^3 (dois elevado ao cubo) é uma potência. O número 2 é a base; o número 3 é o expoente da potência.

$2 \times 2 \times 2 = 2^3 = 8$

Probabilidade:

Chance de ocorrer determinado fato. Ao lançar uma moeda, a probabilidade de cair cara ou coroa é de 50%.

cara 50% coroa 50%

Quadrilátero:

Polígono de quatro lados.

retângulo

quadrado

losango

Sentença matemática:

Sentença escrita com símbolos matemáticos.

Quatro mais cinco é igual a nove.

Sentença matemática: $4 + 5 = 9$.

Simetria:

Correspondência, na forma, de duas partes de uma figura em relação a uma linha chamada eixo de simetria.

Dobrando-se a figura no eixo de simetria, as duas partes se sobrepõem.

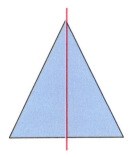

Sistema de numeração decimal:

Sistema de representação dos números no qual estão indicadas as unidades, as dezenas, as centenas e assim por diante. As quantidades de elementos são agrupadas de 10 em 10.

Sólidos geométricos:

Figuras geométricas espaciais.

Os poliedros, por exemplo, são sólidos geométricos limitados por quatro ou mais polígonos chamados faces.

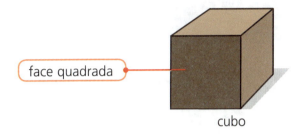

As faces são seis quadrados iguais.

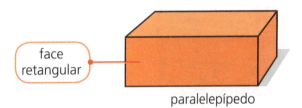

Seis faces retangulares.

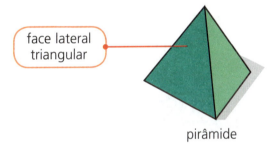

As faces laterais são sempre triangulares.

Triângulo:

Polígono de três lados.

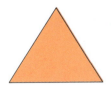

Sugestões para o aluno

A pequenina luz azul, de Malba Tahan. Rio de Janeiro: Galerinha Record.

Uma luzinha azul aparece brilhando, muito viva, deixando o Rei do Hedjaz intrigado. Ele decidiu investigar. De onde vinha, afinal, a pequenina luz azul?

Como se fosse dinheiro, de Ruth Rocha. São Paulo: Salamandra.

Você gosta quando algum vendedor oferece o troco em balas? E se você quisesse comprar coisas com essas balas, o que o vendedor iria achar?

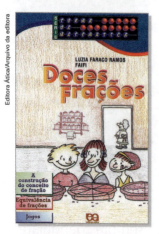

Doces frações, de Luzia Faraco Ramos Faifi. São Paulo: Ática. (Turma da Matemática).

Adelaide, Binha e Caio foram ajudar a avó deles a cortar as tortas que ela iria vender. Mas eles acabaram cortando pedaços de tamanhos diferentes. E agora, como saber quanto cada pedaço vai custar?

Matemática divertida e curiosa, de Júlio César de M. Souza (Malba Tahan). Rio de Janeiro: Record.

Você acha que aprender Matemática é chato demais? O autor desse livro mostra que não. Existem várias maneiras de estudar Matemática de forma muito divertida e sem complicações.

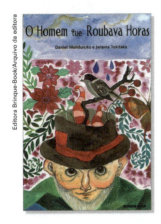

O homem que roubava horas, de Daniel Munduruku. São Paulo: Brinque-Book.

A história de um homem sem nome que mudou o modo de as pessoas se relacionarem com o tempo. O leitor vai refletir sobre o valor que dá ao próprio tempo.

O menino que quebrou o tempo, de José Maviael Monteiro. São Paulo: Scipione. (Biblioteca Marcha Criança).

Na casa de um relojoeiro havia uma ampulheta mágica que controlava todos os relógios da cidade. Um dia, um menino entrou escondido na casa do relojoeiro e mexeu em tudo, inclusive na ampulheta, até quebrá-la. Então todos os relógios da cidade pararam. Descubra o que ele fez para resolver esse problema.

O mistério dos números perdidos, de Michael Thomson. Tradução: Adazir Almeida Carvalho. São Paulo: Melhoramentos.

Neste livro você participará de uma grande aventura, usando o poder da Matemática. Nessa viagem você encontrará problemas numéricos, os quais terá de resolver para avançar, e equipamentos que o ajudarão.

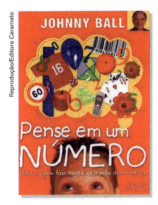

Pense em um número: uma viagem fascinante ao mundo dos números, de Johnny Ball. Tradução: Percival de Carvalho. São Paulo: Caramelo.

Este livro mostra que muitas coisas que fazemos no nosso dia a dia depende da Matemática. Ele apresenta exemplos, ilustrações, quebra-cabeças, truques de mágica e labirintos que podemos fazer usando a Matemática.

Sugestões para o aluno

Bibliografia

ALENCAR, E. M. S. S. (Org.). *Novas contribuições da Psicologia aos processos de ensino e aprendizagem*. 4. ed. São Paulo: Cortez, 2001.

ANTUNES, C. *Matemática e didática*. Petrópolis: Vozes, 2010.

ARRIBAS, T. L. *Educação Física de 3 a 8 anos*. Tradução de Fátima Murad. 7. ed. Porto Alegre: Artmed, 2002.

ASCHENBACH, M. H. C. V. *A arte-magia das dobraduras:* histórias e atividades pedagógicas com *origami*. São Paulo: Scipione, 2009.

BARRETO, F. C. *Informática descomplicada para educação:* aplicações práticas em sala de aula. São Paulo: Érica, 2014.

BICUDO, M. A. V.; BORBA, M. de C. *Educação matemática:* pesquisa em movimento. São Paulo: Cortez, 2004.

BRASIL. Ministério da Educação. Secretaria de Educação Básica. Fundo Nacional de Desenvolvimento da Educação. *Ensino Fundamental de nove anos:* orientações para a inclusão da criança de seis anos de idade. Brasília, 2006.

_____. Ministério da Educação. Secretaria de Educação Básica. Fundo Nacional de Desenvolvimento da Educação. *Pró-letramento:* programa de formação continuada de professores das séries iniciais do Ensino Fundamental. Brasília, 2006. 7 v.

_____. Ministério da Educação. Secretaria de Educação Fundamental. *Parâmetros Curriculares Nacionais:* introdução aos Parâmetros Curriculares Nacionais. Brasília, 1997.

_____. Ministério da Educação. Secretaria de Educação Fundamental. *Parâmetros Curriculares Nacionais:* Matemática. Brasília, 1997.

_____. Ministério da Educação. Secretaria de Educação Fundamental. *Referencial Curricular Nacional para a Educação Infantil*. Brasília, 1998.

CARVALHO, D. L. de. *Metodologia do ensino da Matemática*. 2. ed. São Paulo: Cortez, 1994. (Magistério 2º grau/formação do professor).

CENTURIÓN, M. *Números e operações:* conteúdo e metodologia da Matemática. São Paulo: Scipione, 1995.

CERQUETTI-ABERKANE, F.; BERDONNEAU, C. *O ensino da Matemática na Educação Infantil*. Tradução de Eunice Gruman. Porto Alegre: Artmed, 1997.

CÓRIA-SABINE, M. A.; LUCENA, R. F. *Jogos e brincadeiras na Educação Infantil*. Campinas: Papirus, 2004. (Papirus Educação).

CUBERES, M. T. G. *Educação Infantil e séries iniciais:* articulação para a alfabetização. Tradução de Cláudia Schilling. Porto Alegre: Artmed, 1997.

CUNHA, N. H. S. *Criar para brincar:* a sucata como recurso pedagógico. São Paulo: Aquariana, 2005.

DANTE, L. R. *Didática da Matemática na Pré-Escola:* por que, o que e como trabalhar as primeiras ideias matemáticas. São Paulo: Ática, 2007.

_____. *Formulação e resolução de problemas de Matemática:* teoria e prática. São Paulo: Ática, 2009.

DEVLIN, K. *O gene da Matemática*. Tradução de Sérgio Moraes Rego. 2. ed. Rio de Janeiro: Record, 2005.

DEVRIES, R. et al. *O currículo construtivista na Educação Infantil:* práticas e atividades. Tradução de Vinicius Figueira. Porto Alegre: Artmed, 2004.

FAINGUELERNT, E. K.; NUNES K. R. A. *Fazendo arte com a Matemática*. Porto Alegre: Artmed, 2006.

FAYOL, M. *A criança e o número:* da contagem à resolução de problemas. Tradução de Rosana Severino Di Leone. Porto Alegre: Artmed, 1996.

FONSECA, M. da C. F. R. (Org.). *Letramento no Brasil:* habilidades matemáticas: reflexões a partir do Inaf 2002. São Paulo: Global/Ação Educativa Assessoria, Pesquisa e Informação/Instituto Paulo Montenegro, 2004.

FRIEDMANN, A. *Brincar:* crescer e aprender: o resgate do jogo infantil. São Paulo: Moderna, 1996.

GOLBERT, C. S. *Matemática nas séries iniciais:* sistema decimal de numeração. Porto Alegre: Mediação, 1999.

GOULART, I. B. *Piaget:* experiências básicas para utilização pelo professor. 20. ed. Petrópolis: Vozes, 2003.

GUELLI, O. *A invenção dos números*. São Paulo: Ática, 1996.

HAEUSSLER, I. M.; RODRÍGUEZ, S. *Manual de estimulação do pré-escolar:* um guia para pais e educadores. Tradução de Magda Lopes. São Paulo: Planeta do Brasil, 2005. (Temas de hoje).

HUETE, J. C. S.; BRAVO, J. A. F. *O ensino da Matemática:* fundamentos teóricos e bases psicopedagógicas. Tradução de Ernani Rosa. Porto Alegre: Artmed, 2006.

JARANDILHA, D. *Matemática já não é problema*. São Paulo: Cortez, 2005.

KAMII, C. *A criança e o número:* implicações educacionais da teoria de Piaget para a atuação junto a escolares de 4 a 6 anos. Tradução de Regina A. de Assis. 35. ed. Campinas: Papirus, 2007.

_____; DEVRIES, R. *Piaget para a educação pré-escolar*. Tradução de Maria Alice Bade Danesi. Porto Alegre: Artmed, 1991.

_____; JOSEPH, L. L. *Crianças pequenas continuam reinventando a aritmética (séries iniciais):* implicações da teoria de Piaget. Tradução de Vinicius Figueira. 2. ed. Porto Alegre: Artmed, 2005.

KENSKI, V. M. *Educação e tecnologias:* o novo ritmo da informação. Campinas: Papiros, 2012.

LORENZATO, S. *Para aprender Matemática*. Campinas: Autores Associados, 2006. (Formação de professores).

LUCKESI, C. C. *Avaliação da aprendizagem escolar:* estudos e proposições. 18. ed. São Paulo: Cortez, 2006.

MACHADO, M. M. *O brinquedo-sucata e a criança:* importância do brincar: atividades e materiais. São Paulo: Loyola, 2001.

MACHADO, N. J. *Matemática e educação:* alegorias, tecnologias e temas afins. 4. ed. São Paulo: Cortez, 2002. v. 2. (Questões da nossa época).

MARINCEK, V. (Org.). *Aprender Matemática resolvendo problemas*. Porto Alegre: Artmed, 2001. (Cadernos da Escola da Vila, 5).

MENDES, I. A. *Investigação histórica no ensino da Matemática*. Rio de Janeiro: Ciência Moderna, 2009.

MOYSÉS, L. *Aplicações de Vygotsky à educação matemática*. Campinas: Papirus, 1997.

OLIVEIRA, G. de C. *Psicomotricidade:* educação e reeducação num enfoque psicopedagógico. Petrópolis: Vozes, 1997.

PALHARES, P. (Coord.). *Elementos de Matemática para professores do Ensino Básico*. Lisboa: Edições Lidel, 2004.

PANIAGUA, G.; PALACIOS, J. *Educação Infantil:* resposta educativa à diversidade. Tradução de Fátima Murad. Porto Alegre: Artmed, 2007.

PANIZZA, M. (Org.). *Ensinar Matemática na Educação Infantil e nas séries iniciais:* análise e propostas. Tradução de Antonio Feltrin. Porto Alegre: Artmed, 2006.

PARRA, C.; SAIZ, I. (Org.). *Didática da Matemática:* reflexões psicopedagógicas. Tradução de Juan Acuña Llorens. Porto Alegre: Artmed, 2001.

PERRENOUD, P. et al. *A escola de A a Z:* 26 maneiras de repensar a educação. Porto Alegre: Artmed, 2005.

RABELO, E. H. *Textos matemáticos:* produção, interpretação e resolução de problemas. Petrópolis: Vozes, 2004.

RÊGO, R. G.; RÊGO, R. M. *Matematicativa*. São Paulo: Autores Associados, 2009.

REIS, S. M. G. dos. *A Matemática no cotidiano infantil:* jogos e atividades com crianças de 3 a 6 anos para o desenvolvimento do raciocínio lógico-matemático. Campinas: Papirus, 2006. (Atividades).

Revista da Faculdade de Educação da Universidade Federal Fluminense. *Movimento:* prática pedagógica: prática dialógica. Rio de Janeiro: DP&A, n. 3, maio 2001.

SÁNCHEZ, P. A.; MARTINEZ, M. R.; PEÑALVER, I. V. *A psicomotricidade na Educação Infantil:* uma prática preventiva e educativa. Tradução de Inajara Haubert Rodrigues. Porto Alegre: Artmed, 2003.

SCHILLER, P.; ROSSANO, J. *Ensinar e aprender brincando:* mais de 750 atividades para Educação Infantil. Tradução de Ronaldo Cataldo Costa. Porto Alegre: Artmed, 2008.

SMOLE, K. C. S. *A Matemática na Educação Infantil:* a teoria das inteligências múltiplas na prática escolar. Porto Alegre: Artmed, 1996.

_____; DINIZ, M. I. (Org.). *Ler, escrever e resolver problemas:* habilidades básicas para aprender Matemática. Porto Alegre: Artmed, 2001.

SMOLE, K. C. S.; DINIZ, M. I.; CÂNDIDO, P. (Org.). *Brincadeiras infantis nas aulas de Matemática*. Porto Alegre: Artmed, 2000. v. 1. (Matemática de 0 a 6).

_____. *Figuras e formas*. Porto Alegre: Artmed, 2003. v. 3. (Matemática de 0 a 6).

_____. *Jogos de Matemática de 1º a 5º ano*. Porto Alegre: Artmed, 2007. (Cadernos do Mathema).

_____. *Resolução de problemas*. Porto Alegre: Artmed, 2000. v. 1. (Matemática de 0 a 6).

SMOLE, K. C. S.; DINIZ, M. I.; STANCANELL, R. *Matemática e literatura infantil*. Belo Horizonte: Lê, 1999.

SPODEK. B.; SARACHO, O. N. *Ensinando crianças de três a oito anos*. Tradução de Cláudia Oliveira Dornelles. Porto Alegre: Artmed, 1998.

SUTHERLAND, R. *Ensino eficaz de Matemática*. Porto Alegre: Artmed, 2009.

TAJRA, S. F. *Informática na educação:* professor na atualidade. São Paulo: Érica, 1998.

TOLEDO, M. *Didática de Matemática:* como dois e dois: a construção da Matemática. São Paulo: FTD, 1997. (Conteúdo e metodologia).

VILA, A.; CALLEJO, M. L. *Matemática para aprender a pensar:* o papel das crenças na resolução de problemas. Tradução de Ernani Rosa. Porto Alegre: Artmed, 2006.

Trançado de papel para capa de caderno

Destaque as tiras da página 5.

Em uma folha de papel sulfite, cole as 8 tiras da mesma cor pelas pontas.

Comece a montar o trançado usando as tiras da outra cor na horizontal, e continue até o final.

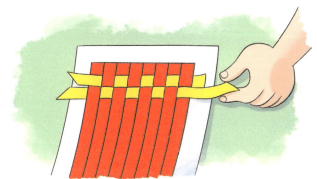

Para fazer o acabamento, passe cola nas pontas das tiras horizontais e dobre-as para baixo.

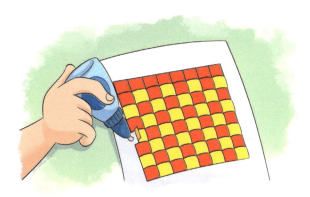

Por fim, cole o seu trançado na capa de um caderno. Para conservar o trabalho, você pode plastificar a capa.

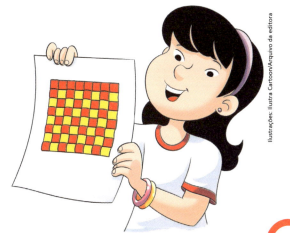

Ovo quebrado

Ninguém gosta quando um ovo quebra, não é mesmo? Mas se o ovo for de papel, quebrá-lo em nove pedaços diferentes pode ser bem interessante. Quer ver como?

Ciência Hoje das Crianças. Rio de Janeiro: Instituto Ciência Hoje, ano 24, n. 221, mar. 2011. p. 17. Texto adaptado.

Monte seu quebra-cabeça com as peças da página 7. Depois, veja as figuras que seus colegas montaram.

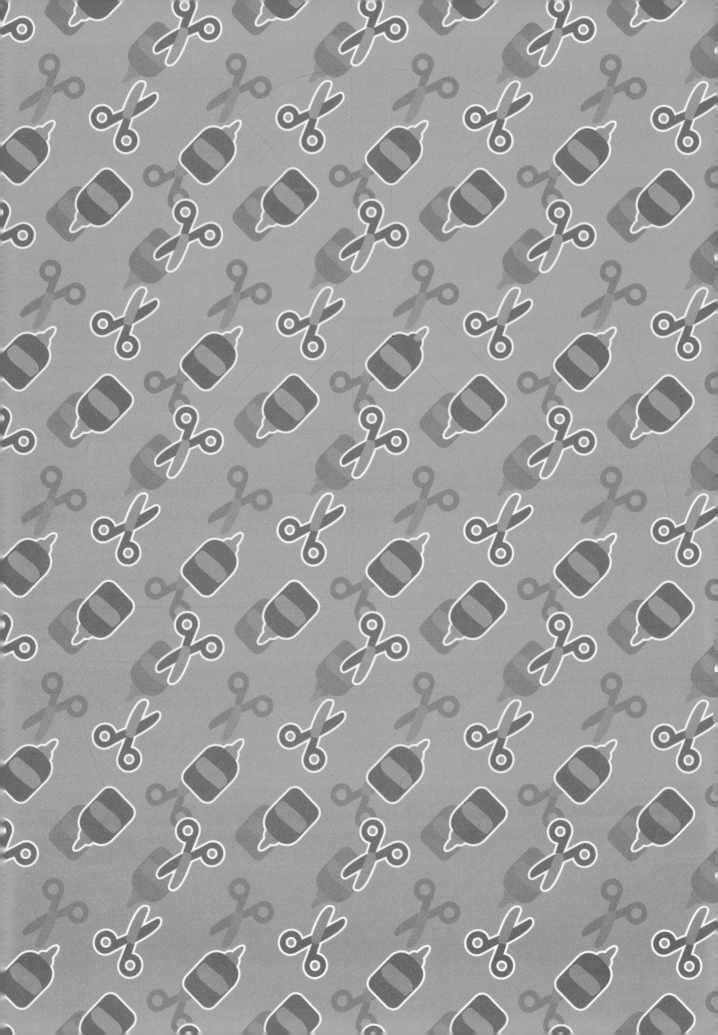

Jogo das operações

Forme um grupo com 4 colegas. Destaque as fichas da folha seguinte, embaralhe-as e depois empilhe-as com as faces voltadas para baixo. Monte também os dados da página 7.

O primeiro jogador vira 3 fichas e joga os dados. O objetivo é usar os números dos dados, em qualquer ordem, para fazer operações que resultem no número de uma das fichas.

Exemplo: se uma das fichas tem o número 15 e o jogador tirou 2, 3 e 3 nos dados, ele pode calcular (2 + 3) × 3.

Se o jogador montar uma operação correta, ele pega uma ficha para si e põe outra na mesa, tirada da pilha. Se não conseguir, passa a vez para o próximo. Vence quem juntar mais fichas.

Nome: _____

Ano: _____

DOBRE.

COLE A

COLE B

DOBRE.

COLE A

COLE B

1	2	4	5	7
8	9	10	11	12
15	16	18	20	24
25	30	36	40	42
60	72	125	150	216

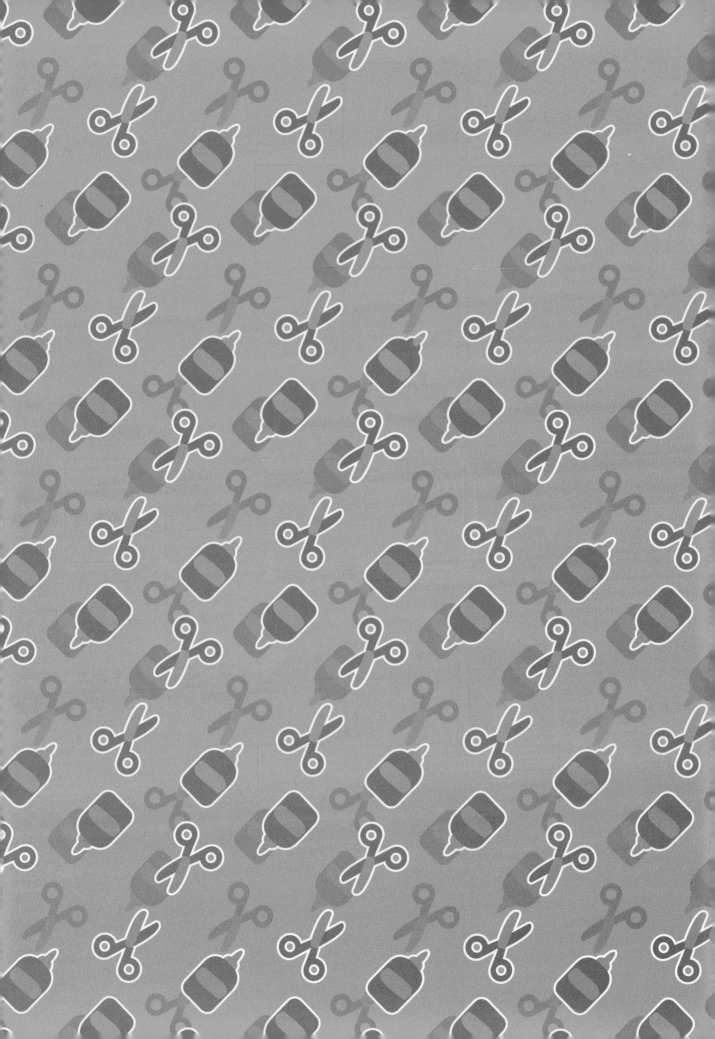

Comparando decimais

Destaque as fichas das páginas 11, 13 e 15. Depois de embaralhá-las, empilhe as fichas azuis com as faces para baixo e distribua as amarelas igualmente entre 4 jogadores.

O primeiro põe uma de suas fichas amarelas na mesa e vira uma ficha azul. O jogador seguinte deve colocar na mesa uma ficha amarela que complete a comparação. Exemplo: 0,21 < 2,1

A ficha do segundo jogador deve ser colocada sobre a do primeiro. Depois ele vira mais uma ficha azul, que vai sobre a que está na mesa, e passa a vez para o próximo.

Caso alguém não tenha os números que completem a operação, passa a vez. Vence quem ficar sem nenhuma ficha na mão.

Nome:

Ano:

DOBRE.

COLE A

COLE B

DOBRE.

COLE A

COLE B

0,5	0,05	1,5
5,0	1,4	0,14
0,4	1,2	0,2
0,02	0,12	11,2
12,1	5,1	

2,3	2,03	2,0
3,1	1,30	1,04
1,03	0,3	4,0
4,01	1,02	10,2
2,1	0,013	

<	>	<	>
<	>	<	>
<	>	<	>
<	>	<	>
<	>	<	>
<	>	<	>
<	>	<	>

Unidade 1 — Sólidos geométricos: planificação do cone

Meça e desenhe os elementos do cone antes de recortar as superfícies.

Unidade 2 — Polígonos: tangram e o jogo de xadrez

Desenhe um quadrado de 12 cm de lado. Em seguida, construa as peças do tangram.

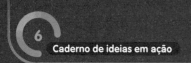

Desenhe um quadrado de 16 cm de lado. Meça com atenção os lados e os ângulos. Só então recorte-o.

Unidade 3 — Frações e números decimais: jogo com números racionais

Meça e desenhe os retângulos antes de recortar as cartas.

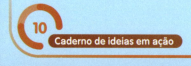

Frações e números decimais

Recorte e monte o envelope para guardar suas cartas.

Nome:
Ano:

DOBRE.

COLE A

COLE B

DOBRE.

COLE A

COLE B

Medidas de tempo: a evolução das bolas de futebol

Recorte cuidadosamente a figura abaixo. Com fita adesiva, vá juntando as partes desconectadas até formar um sólido geométrico.

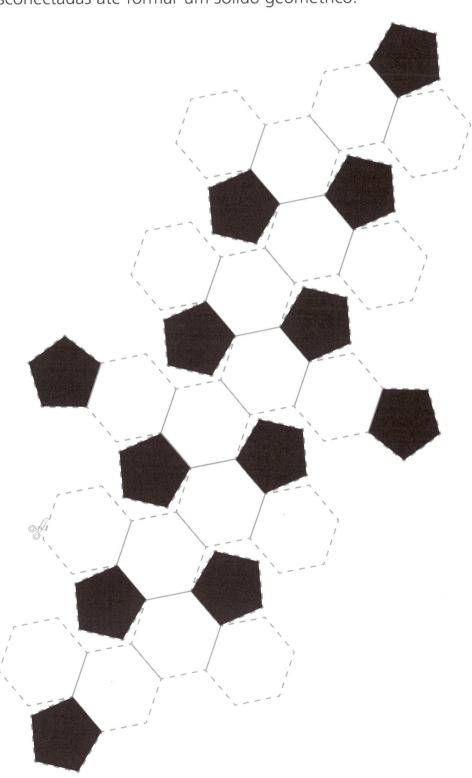

Medidas de massa

Múltiplos		
quilograma	hectograma	decagrama
1 000 g	100 g	10 g

Mudanças de unidade:

kg →(× 10)→ hg →(× 10)→ dag
kg ←(÷ 10)← hg ←(÷ 10)← dag

Medidas de volume

Múltiplos		
quilômetro cúbico	hectômetro cúbico	decâmetro cúbico
1 000 000 000 m³	1 000 000 m³	1 000 m³

Mudanças de unidade:

km³ →(× 1000)→ hm³ →(× 1000)→ dam³
km³ ←(÷ 1000)← hm³ ←(÷ 1000)← dam³

Medidas de capacidade

Múltiplos		
quilolitro	hectolitro	decalitro
1 000 L	100 L	10 L

Mudanças de unidade:

kL →(× 10)→ hL →(× 10)→ daL
kL ←(÷ 10)← hL ←(÷ 10)← daL

...mprimento e superfície. Depois, vire a página e verifique como isso

...unidades de medida que você quiser. Bom trabalho!

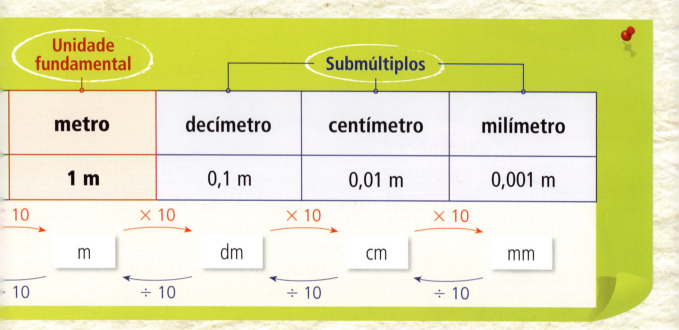

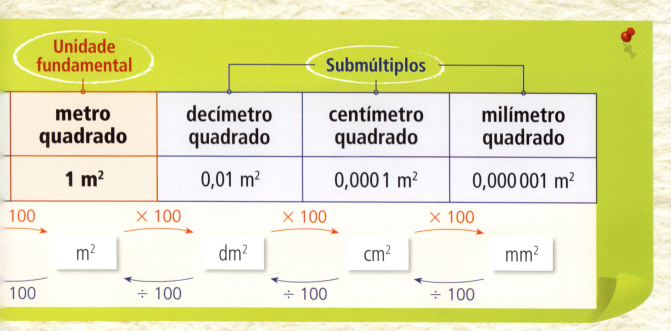

Flas100/Shutterstock/Glow Images

Sistemas de medida

Veja abaixo como são feitas as mudanças de unidade de medida de co
ocorre com as unidades de medida de massa, volume e capacidade.

A partir dos exemplos observados, coloque em prática a conversão das

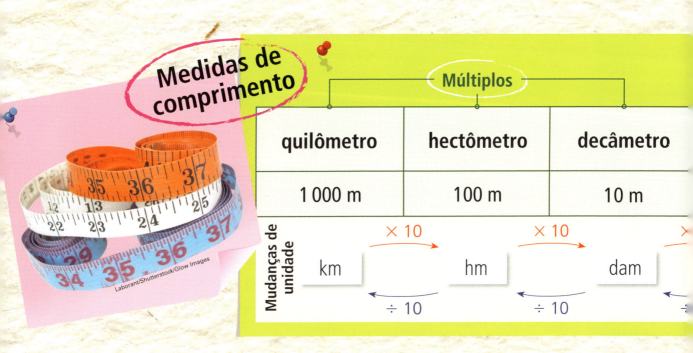

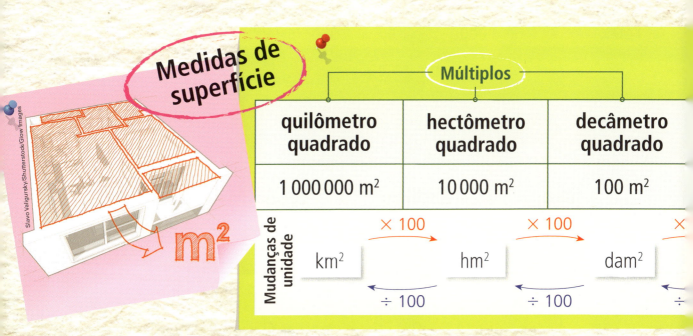

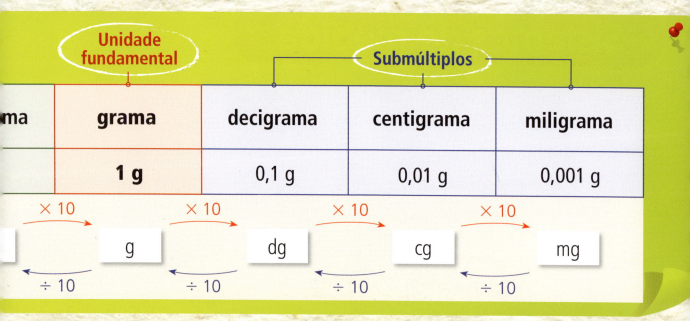

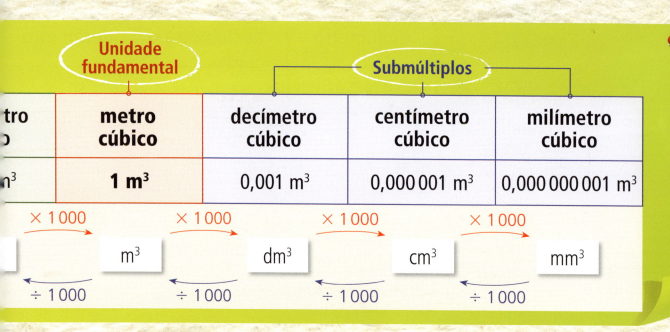

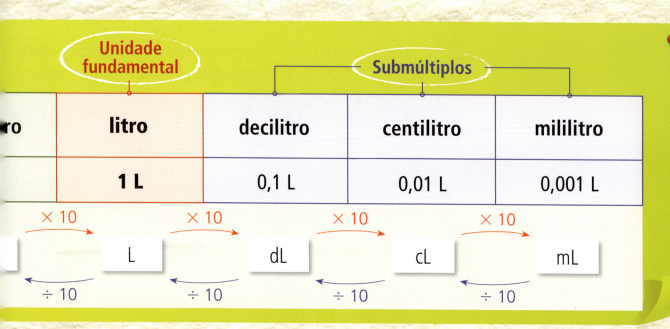